DE LA

PÉTITION D'HÉRÉDITÉ

EN DROIT ROMAIN ET EN DROIT FRANÇAIS.

THÈSE

PRÉSENTÉE A LA FACULTÉ DE DROIT DE POITIERS

POUR OBTENIR LE GRADE DE DOCTEUR,

ET

Soutenue le samedi 27 mai 1865, à 2 h. du soir,

DANS LA SALLE DES ACTES PUBLICS DE LA FACULTÉ.

Par Eugène GIRAULT,

Avocat à Poitiers.

POITIERS,

IMPRIMERIE DE A. DUPRÉ,

RUE DE LA MAIRIE, 10.

1865

DE LA

PÉTITION D'HÉRÉDITÉ

EN DROIT ROMAIN ET EN DROIT FRANÇAIS.

THÈSE

PRÉSENTÉE A LA FACULTÉ DE DROIT DE POITIERS
POUR OBTENIR LE GRADE DE DOCTEUR,

ET

Soutenue le samedi 27 mai 1865, à 2 h. du soir,

DANS LA SALLE DES ACTES PUBLICS DE LA FACULTÉ,

Par Eugène GIRAULT,

Avocat à Poitiers.

POITIERS,
IMPRIMERIE DE A. DUPRÉ,
RUE DE LA MAIRIE, 10.

1865

COMMISSION :

Président,	M. Abel PERVINQUIÈRE, ❋.		
Suffragants,	M. GRELLAUD, ❋, doyen,		Professeurs.
	M. BOURBEAU, ❋,		
	M. RAGON,		
	M. LEPETIT.		

Vu par le président de l'acte public,
Abel PERVINQUIÈRE, ❋.

Vu par le doyen,
H. GRELLAUD, ❋.

Vu par le recteur,
DESROZIERS, (O. ❋).

Les visas exigés par les règlements sont une garantie des principes et des opinions relatives à la religion, à l'ordre public et aux bonnes mœurs (statut du 9 avril 1825, art. 41), mais non des opinions purement juridiques, dont la responsabilité est laissée au candidat.

Le candidat répondra en outre aux questions qui lui seront faites sur les autres matières de l'enseignement.

COMMISSION :

Président, . M. Abel PERVINQUIÈRE, ❋.

Suffragants, M. GRELLAUD, ❋, doyen, M. BOURBEAU, ❋, M. RAGON, M. LEPETIT. Professeurs.

Vu par le président de l'acte public,
Abel PERVINQUIÈRE, ❋.

Vu par le doyen,
H. GRELLAUD, ❋.

Vu par le recteur,
DESROZIERS, (O. ❋).

Les visas exigés par les règlements sont une garantie des principes et des opinions relatives à la religion, à l'ordre public et aux bonnes mœurs (statut du 9 avril 1825, art. 41), mais non des opinions purement juridiques, dont la responsabilité est laissée au candidat.

Le candidat répondra en outre aux questions qui lui seront faites sur les autres matières de l'enseignement.

DE LA

PÉTITION D'HÉRÉDITÉ

EN DROIT ROMAIN ET EN DROIT FRANÇAIS.

THÈSE

PRÉSENTÉE A LA FACULTÉ DE DROIT DE POITIERS
POUR OBTENIR LE GRADE DE DOCTEUR,

ET

Soutenue le samedi 27 mai 1865, à 2 h. du soir,

DANS LA SALLE DES ACTES PUBLICS DE LA FACULTÉ,

Par Eugène GIRAULT,

Avocat à Poitiers.

POITIERS,
IMPRIMERIE DE A. DUPRÉ,
RUE DE LA MAIRIE, 10.

1865

A MES PARENTS.

A MES AMIS.

INTRODUCTION.

L'héritier, appelé par la loi ou par la volonté de l'homme à prendre la place du défunt, acquiert tous les biens que celui-ci possédait ; mais en même temps il se trouve soumis à toutes ses obligations, obligations qui peuvent être fort onéreuses, et quelquefois dépasser l'actif de la succession. Pour se soustraire à ces charges, l'héritier a toujours, chez nous, la voie de la renonciation, conséquence de la maxime : *Nul n'est héritier qui ne veut.* Il a de plus la voie de l'acceptation sous bénéfice d'inventaire.

En droit romain, il n'en était pas de même, du moins en principe, et deux classes d'héritiers, les héritiers siens et nécessaires et les héritiers siens, ne pouvaient éviter l'accomplissement des obligations du défunt. Des tempéraments furent, il est vrai, apportés par les préteurs à cette rigueur du droit civil, et l'héritier, quel qu'il fût, eut un moyen d'échapper aux conséquences de la dévolution de la succession.

Au lieu d'être onéreuse, la succession peut comprendre un actif supérieur au passif, et alors l'héritier a intérêt à ne pas répudier la qualité qu'il tient de la loi ou de l'homme.

Mais, quelle que soit la composition de l'hérédité,

il peut arriver que le véritable héritier soit absent, ou qu'il n'ait pas su qu'il était appelé à succéder. Pendant ce temps, les biens de la succession, se trouvant abandonnés et sans maître apparent, peuvent avoir été appréhendés par d'autres personnes qui les possèdent, soit parce qu'elles se croyaient appelées à la succession, soit qu'elles aient voulu se les approprier sans titre. Le véritable héritier, lorsqu'il se représente, pourrait bien obtenir la restitution des biens héréditaires, en les revendiquant un à un contre chacun des possesseurs ; mais, outre que cela serait trop long et trop coûteux, l'héritier pourrait se trouver dans une véritable impossibilité de faire les preuves nécessaires pour le succès de son action ; encore n'obtiendrait-il ainsi que les biens dont le défunt était propriétaire. Aussi a-t-on senti la nécessité de créer une action spéciale, ayant principalement pour but la revendication du titre d'héritier, et, comme conséquence, embrassant à la fois toute la succession et permettant d'obtenir tous les objets qui la composent, quel que soit le titre auquel ils se trouvaient entre les mains du défunt. Cette action, elle existait en droit romain, et le droit français l'a également reconnue. C'est à l'examen des règles qui la régissent que nous allons consacrer ce travail.

DROIT ROMAIN.

DE LA PÉTITION D'HÉRÉDITÉ.

CHAPITRE PREMIER.

CARACTÈRES GÉNÉRAUX DE L'ACTION.

La succession d'un défunt peut être acquise de plusieurs manières créées soit par l'ancien droit, soit par le droit nouveau : par l'ancien droit, si on se trouve dans l'ordre des héritiers légitimes, tel que l'a établi la loi des XII Tables, ou si on est institué héritier par un testament régulier ; par le droit nouveau, si nous tenons notre vocation d'un sénatus-consulte, comme les sénatus-consultes Orphitien et Tertullien, ou des constitutions impériales. Il peut arriver que la succession, au lieu de nous être acquise personnellement, nous soit arrivée par l'intermédiaire d'une autre personne qui nous transmet cette succession dans la sienne. Dans tous ces cas, l'héritier pourra avoir besoin de revendiquer la succession contre un possesseur de bonne ou de mauvaise foi, et il aura pour cet objet la pétition d'hérédité.

Dans l'ancien droit romain, des motifs particuliers avaient fait introduire des dispositions spéciales et toutes de faveur pour ceux qui se mettaient en possession des biens d'une personne décédée sans y avoir aucun droit. La loi des XII Tables avait établi que le délai de l'usucapion serait de deux ans pour les *res soli*, et d'un an pour les *ceteræ res*. On avait déduit de cette disposition que, pour usucaper une succession, il suffirait de la posséder pendant un an ; car, bien qu'elle pût se composer d'immeubles, elle était, prise dans son ensemble, une de ces *ceteræ res* dont parlait la loi. Bien plus, pour l'usucapion, il fallait, en général, la bonne foi ; pour devenir propriétaire d'une succession par ce mode d'acquisition, cette bonne foi n'était pas exigée. Cependant, malgré cette faveur si marquée de la loi, cette usucapion n'était pas vue favorablement de la part des gens honnêtes, et les jurisconsultes l'appelaient *usucapio lucrativa, improba usucapio*. Celui qui se mettait ainsi en possession d'une succession sans y avoir aucun droit, était un possesseur d'un caractère particulier, un *prædo*.

Ces dispositions si exorbitantes du droit commun avaient leur raison d'être, et pouvaient trouver une explication satisfaisante dans une institution religieuse, celle des *sacra privata*. Il ne fallait point que ce culte fût interrompu, ni qu'il pût s'éteindre : « Sacra interire veteres noluerunt, » dit Cicéron (Pro Murena, § 12). Une disposition spéciale existait sur ce point

dans la loi des XII Tables : « Sacra privata perpetua manento. » (Cic., *De leg. lib.*, 2, n° 19.)

Ce culte, qui devait être perpétuel, se transmettait de trois manières : « 1° hereditate ; 2° aut si majorem partem pecuniæ capiat, aut si major pars pecuniæ legata est, si inde quippiam ceperit (Cic., *De leg.*, *lib.* 2, § 20) ; 3° si nemo sit heres, is qui de bonis, quæ ejus fuerint, quum moritur, usuceperit plurimum possidendo. » C'est ce que dit aussi Turnèbe : « Secundum doctrinam antiquiorem, tres erant modi secundum quos aliquis adstringebatur sacris defuncti servandis. Primum astringebantur heredes omnes, deinde cum his legatarii quidam, denique, si nemo esset heres, is qui rei familiaris defuncti plurimum usuceperit. »

Ces *sacra* constituaient, d'ailleurs, une charge fort onéreuse. « Erant sacra grave onus ipsius hereditatis, » dit Sigonius. M. de Savigny en dit autant.

Outre ce culte des *sacra*, il y avait une autre raison fort importante de permettre l'usucapion de l'hérédité par un an et sans bonne foi ; Gaïus nous l'indique dans les termes suivants : « ..... Ut creditores haberent, a quo suum consequerentur. » (Gaïus, II, § 55.) L'intérêt des créanciers du défunt venait donc se joindre aux considérations religieuses pour dépouiller aussi promptement l'héritier véritable qui ne se présentait pas.

Cependant un tel état de choses ne subsista que dans l'ancien droit ; plus tard, des tempéraments furent apportés à la règle si absolue des XII Tables, et ce ne fut plus la succession entière, mais seulement les objets particuliers, meubles ou immeubles, dont elle se composait, qui purent être usucapés de cette manière : « Quamvis postea creditum sit ipsas hereditates usucapi non posse, tamen in omnibus rebus hereditariis, etiam quæ solo teneantur, annua usucapio remansit. » (Gaïus, II, § 54.)

Jusqu'à Adrien, celui qui avait possédé pendant ce court laps de temps devenait propriétaire incommutable, et ne pouvait plus être inquiété par l'héritier véritable. Sous cet empereur, l'an 882 de Rome, le sénatus-consulte Juventien décida que de telles usucapions seraient révoquées, et que l'héritier pourrait obtenir les biens de la succession, sans avoir égard à l'usucapion accomplie : « Ideo potest heres, ab eo qui rem usucepit hereditatem petendo, perinde eam rem consequi atque si usucapta non esset. »

La pétition d'hérédité qui est ainsi accordée est donc l'action par laquelle une personne fait reconnaître ses droits à une hérédité, afin d'obtenir la restitution des choses et l'exercice des droits héréditaires.

Cette action a pour objet immédiat la constatation des droits héréditaires du demandeur, et pour objet médiat, la revendication des choses dépendant de l'hérédité qui sont en la possession du défendeur, choses que ce dernier ne peut se dispenser de restituer, du moment où le droit de son adversaire est judiciairement reconnu.

Cette obligation de restituer toutes les choses de l'hérédité distingue nettement la pétition d'hérédité de la revendication, avec laquelle elle a les plus grandes analogies : cette dernière action est *specialis in rem*, tandis que la pétition d'hérédité, s'appliquant à un ensemble de biens ou de droits, est universelle.

Le nom seul de cette action indique assez que c'est une action réelle ; car *petitio* est synonyme de *vindicatio*, et désigne l'action réelle, tandis que l'action personnelle s'appelle *actio*. (L. 28, D. *de oblig. et act.*) Si l'on se reporte à la formule de cette action, on voit tout d'abord que le nom du défendeur n'est pas inséré dans l'*intentio*, et l'on sait que sous la procédure formulaire, c'est là le caractère distinctif des actions *in rem*. En second lieu, si, sans s'arrêter à la partie matérielle, on considère l'action dans sa nature et dans son essence, on voit que le droit réclamé est un droit absolu, que l'on n'invoque pas seulement vis-à-vis du défendeur, mais vis-à-vis de tous : « In rem actio est, per quam rem nostram quæ ab alio possidetur, petimus : et semper adversus eum est qui rem possidet. » (L. 25 pr., D. *de oblig. et action.*) C'est, d'ailleurs, ce qui résulte formellement des lois 25, § 18, D. *de hereditatis petitione*, et 27, § 3, D. *de rei vindicatione*. Cependant la première de ces lois dit de cette action : « Etsi in rem sit, tamen quasdam personales habet præstationes ; » et la loi 7, C. *de petitione heredit.*, la qualifie de *mixta personalis actio*. Dans quel sens faut-il entendre ces expressions? Il faut d'abord écarter toute idée d'assimilation entre la pétition d'hérédité et les trois actions qualifiées mixtes par le § 20, *Inst. de actionibus*.

Suivant M. de Savigny, le caractère mixte de la pétition d'hérédité tiendrait à ce que la personne du défendeur y est plus déterminée que dans les autres actions réelles, puisque, comme nous le verrons, on n'en est passible que quand on possède *pro herede* ou *pro possessore*. Cette idée ne saurait être admise; qu'importe la qualité du défendeur? car c'est la nature du droit sur lequel on s'appuie qui détermine la nature de l'action. Le véritable motif, pensons-nous, d'une semblable appellation, se tire de la comparaison des deux lois que nous avons citées plus haut. On y trouve, en effet, une certaine similitude d'expressions qui permet d'expliquer l'une à l'aide de l'autre. Les empereurs Dioclétien et Maximien appellent cette action *mixta personalis*, précisément parce que, comme le dit Ulpien, *habet quasdam personales præstationes*. La pétition d'hérédité ne porte pas, comme la revendication, sur un objet déterminé, mais sur l'ensemble d'un patrimoine; elle a pour but, non pas seulement la restitution des choses, mais encore l'exercice des droits héréditaires, et se donne, par conséquent, même contre les *possessores juris*, par exemple contre un débiteur du défunt, qui, pour ne pas payer, se prétend lui-même héritier. Dans ce cas et dans ceux analogues, la pétition d'hérédité emprunte une partie de la nature et des effets de l'action personnelle qu'elle remplace.

La pétition d'hérédité, comme la revendication, est *arbitraire*, c'est-à-dire qu'à l'aide du *jussus* du juge, qui, à une certaine époque, a pu s'exécuter *manu militari*, le demandeur pouvait éviter la conséquence fâcheuse du système formulaire de n'aboutir qu'à des condamnations pécuniaires.

La pétition d'hérédité est-elle une action de bonne foi? Justinien, dans les Institutes, où il reproduit la décision d'une de ses constitutions, la loi 12, § 3, C. *de pet. hered.*, tranche la question et la range formellement au nombre des actions de bonne foi : « Quamvis usque adhuc incertum erat sive inter bonæ fidei judicia connumeranda sit hereditatis petitio, sive non, nostra tamen constitutio aperte eam esse bonæ fidei deposuit. » (Inst., lib. 4, tit. 6, § 28.) Nous voyons, en effet, quelques jurisconsultes, comme Gaïus (l. 39, § 1, D. *de heret. pet.*) et Papinien (l. 50, § 1, *eod.*), nous parler de l'exception de dol en matière de pétition d'hérédité; tandis que d'autres, comme Scœvola (l. 58, *eod.*), Paul (l. 38, *eod.*), Javolenus (l. 44, *eod.*), nous disent qu'elle n'était pas nécessaire. Cette dernière solution n'empêche pas toutefois que la pétition d'hérédité n'ait une *intentio* tout aussi *certa* que les actions *stricti juris*. La pluspétition sera possible, par exemple, comme nous le voyons par la loi 1, § 5, D. *si pars hered. pet.*, qui est précisément de Paul.

Les jurisconsultes que nous avons cités dispensent de l'exception de dol, parce que cette exception sera inutile en fait, vu le pouvoir tout spécial qu'a le juge pour déterminer le *quanti ea res erit* de la *condemnatio*. La pétition d'hérédité embrassant un ensemble de choses corporelles et incorporelles, un ensemble de valeurs susceptibles de se transformer, où, pour savoir ce que le possesseur de bonne foi doit restituer, on examine ce dont il s'est enrichi, et par conséquent ce dont il s'est appauvri, il n'y a pas besoin d'un pouvoir spécial donné au juge pour apprécier les dépenses utiles, qui y étaient naturellement comprises. Justinien, en décidant que la pétition d'hérédité était une action de bonne foi, a donc simplement consacré le dernier système; d'ailleurs, à cette époque, la question avait perdu son importance pratique.

Ce qui fait l'objet de cette action, c'est l'hérédité tout entière, et non pas chacun des objets qui la composent; elle l'embrasse dans son universalité, comme *nomen juris*, susceptible d'augmenter ou de diminuer, et que l'on peut même concevoir sans qu'il existe dans la succession aucun objet corporel. (L. 50 pr., D. *de hered. pet.*)

CHAPITRE II.

QUELLES PERSONNES PEUVENT INTENTER L'ACTION EN PÉTITION D'HÉRÉDITÉ.

Pour intenter la pétition d'hérédité, il faut être héritier en vertu du droit civil, soit ancien, soit nouveau, c'est-à-dire en vertu de la loi des Douze Tables, des sénatus-consultes ou des constitutions impériales; peu importe que le demandeur soit héritier *ab intes-*

tat ou héritier testamentaire : il suffit qu'il soit héritier.

Celui qui n'est héritier que pour partie peut intenter la pétition d'hérédité, aussi bien que celui qui est héritier pour le tout ; seulement le juge, en déclarant son droit à cette partie de la succession, ne condamnera le défendeur à lui délaisser les objets qu'il possède que pour la part dont il est héritier.

La qualité d'héritier est donc la condition nécessaire de l'exercice de cette action ; il en résulte que le légataire partiaire, quelle que soit l'importance de son droit, ne pourrait jamais intenter l'action dont il s'agit.

Le fidéicommissaire ne pouvait pas intenter la pétition d'hérédité directe ; en effet, si la restitution se faisait d'après le sénatus-consulte Pégasien, il était *loco legatarii*, et, si elle se faisait d'après le sénatus-consulte Trébellien, il avait une action spéciale, dite *fideicommissaria hereditatis petitio*, produisant, du reste, les mêmes effets que l'action directe, qui, d'après le droit civil, continuait d'appartenir au fiduciaire.

Les héritiers qui ne tenaient leur qualité que du droit prétorien, les *bonorum possessores*, avaient une action utile dite *possessoria hereditatis petitio*.

Mais cette action utile n'était pas le seul mode de sanction imaginé par le préteur pour protéger l'ordre successoral qu'il avait établi. Nous trouvons, à côté de cette action, l'interdit *quorum bonorum*, dont un fragment d'Ulpien, la loi 1, D. *quorum bon.*, nous présente la formule. Elle est ainsi conçue : « Quorum bonorum ex edicto meo illi possessio data est quod de his bonis pro herede aut pro possessore possides, possideresve si nihil usucaptum esset, quod quidem dolo fecisti ut desineres possidere, id illi restituas. » Cet interdit *adipiscendæ possessionis causa* avait pour objet de faire restituer l'*universitas bonorum* à celui qui avait obtenu la possession de biens prétorienne.

Le cumul de ces deux moyens de sanction imaginés par le préteur donne lieu à une difficulté. Quelle pouvait être précisément l'utilité de ce cumul ? Sans doute l'interdit, ne se donnant que contre les *possessores corporis*, et non contre les *possessores juris*, ne présentait pas tous les avantages de la *petitio hereditatis possessoria*; mais, pour expliquer comment l'interdit a pu subsister, il faut lui trouver une utilité que n'offrait pas la pétition d'hérédité. Cette utilité s'apercevra aisément, si l'on remonte à l'organisation des possessions de biens. Dans certains cas, la *bonorum possessio* accordée par le préteur donnait à celui qui l'avait obtenue la jouissance effective des biens héréditaires, et le mettait à l'abri de toute action en pétition d'hérédité ; on disait alors qu'elle était *cum re*. Dans d'autres cas, au contraire, le préteur, tout en accordant la *bonorum possessio*, ne donnait cependant à celui qui l'avait obtenue aucun moyen de repousser l'héritier du droit civil : la *bonorum possessio* était alors *sine re*. Evidemment, dans ce dernier cas, le *bonorum possessor* n'avait pas la pétition d'hérédité possessoire, qui lui aurait permis de triompher même contre l'héritier du droit civil ; il pouvait cependant avoir l'interdit *quorum bonorum*, qui lui procurait l'avantage de jouer le rôle de défendeur dans l'instance dirigée ultérieurement contre lui par l'héritier. Cette explication, toutefois, ne suffit pas à elle seule. Gaïus, en effet, après nous avoir signalé quelques hypothèses où la *bonorum possessio* est donnée *confirmandi juris civilis gratia*, ajoute : « Quibus casibus beneficium ejus in eo solo videtur aliquam utilitatem habere, quod is qui ita bonorum possessionem petit, interdicto cujus principium est : quorum bonorum uti posset. » (Gaïus, III, § 34.) L'interdit peut donc présenter de l'utilité même pour l'héritier du droit civil, qui a la pétition d'hérédité directe. Cette utilité consistera en ce que celui qui fera usage de l'interdit n'aura à prouver qu'une chose, c'est qu'il a obtenu la *bonorum possessio* ; moyennant cette preuve, il se fera mettre en possession des biens héréditaires, et n'aura ensuite qu'à se défendre, et non à attaquer.

Enfin il est permis de croire que l'interdit avait sur l'action l'avantage de la célérité : « Quod beneficio celeritatis inventum est, » dit la loi 22, livre II, tit. 36, Cod. Théod.

CHAPITRE III.

CONTRE QUELLES PERSONNES PEUT ÊTRE INTENTÉE L'ACTION EN PÉTITION D'HÉRÉDITÉ.

La pétition d'hérédité peut être intentée contre

toute personne qui possède soit l'hérédité pour le tout ou pour partie, soit un droit ou un objet héréditaire, quelque minime qu'il soit, et qui conteste la qualité d'héritier du demandeur, en prétendant qu'elle l'est elle-même. C'est ce que dit Ulpien dans la loi 9, D. *de hered. pet.* : « Regulariter definiendum est, eum demum teneri petitione hereditatis qui vel jus pro herede, vel pro possessore possidet, vel rem hereditariam. »

Deux conditions sont donc nécessaires pour que l'on soit soumis à la pétition d'hérédité : l'une relative à ce que l'on doit posséder, « vel jus, vel rem hereditariam ; » l'autre au titre de la possession, « pro herede, vel pro possessore. »

Il faut posséder une chose ou un droit dépendant de la succession, sans qu'il soit nécessaire de détenir toute l'hérédité, pour être soumis à l'action, et il n'y aurait pas plus-pétition à intenter la pétition d'hérédité universelle contre celui qui ne posséderait qu'un objet unique de cette hérédité, « rem licet minimam ; » car celui qui est héritier pour le tout peut justement « intendere hereditatem suam esse totam. » Ce sera dans la condamnation qu'il y aura à tenir compte de la possession plus ou moins étendue du défendeur.

Pour être passible de la pétition d'hérédité, il ne suffit pas de posséder une chose ou un droit héréditaire, il faut de plus posséder *pro herede* ou *pro possessore*.

Possède *pro herede*, celui qui, pour justifier sa possession, s'attribue la qualité d'héritier. On comprend sans peine que l'action soit donnée contre un tel possesseur : celui qui se prétend héritier doit accepter la discussion de la part de celui qui prétend aussi avoir droit à ce titre.

Possède *pro possessore*, celui qui n'invoque aucune cause légitime de possession et se borne à répondre : *possideo quia possideo*. Un tel possesseur sera le plus souvent un voleur ou un ravisseur par violence; ce sera, en un mot, un *prædo*. Il sera soumis à la pétition d'hérédité, parce qu'il se comporte comme un héritier, et qu'il détient les biens de la succession. On aura sans doute senti la nécessité de protéger le patrimoine héréditaire contre les usurpations par un moyen plus efficace que la *rei vindicatio*, qui n'est possible que pour les objets dont le défunt avait la propriété.

Doit-on considérer celui qui, de mauvaise foi, se prétend héritier, comme possédant *pro herede* ou comme possédant *pro possessore?* Sur ce point, nous rencontrons des opinions divergentes chez les jurisconsultes romains eux-mêmes. Ulpien, Arrien et Proculus disent que c'est là un possesseur *pro herede* : « Pro herede possidet qui putat se heredem esse. Sed an is, qui scit se heredem non esse, pro herede possideat, quæritur? Et Arrianus, lib. II, de interdictis, putat teneri; quo jure nos uti Proculus scribit. Pro possessore vero possidet prædo, qui interrogatus cur possideat, responsurus sit quia possideo, nec contendet se heredem, vel per mendacium. » (L. 11, D. *de hered.*

pet.) Gaïus, dans son commentaire IV, § 144, expose une opinion contraire, opinion qui a été reproduite par Justinien dans ses *Institutes*, livre IV, tit. 15, § 3. Suivant eux, celui-là seul possède *pro herede* qui est héritier ou qui se prétend de bonne foi héritier ; quant à celui qui, de mauvaise foi, se prétend héritier, c'est un possesseur *pro possessore* : « Pro herede autem possidere videtur, tam is qui heres est, quam is qui putat se heredem esse : pro possessore is possidet, qui sine ulla causa aliquam rem hereditariam, vel etiam totam hereditatem, sciens ad se non pertinere, possidet. »

On a cherché à concilier ces deux textes, et plusieurs opinions sur ce point ont été émises. Pothier a proposé de sous-entendre les mots *hoc contendit* après *vel per mendacium*, et il traduit : possède *pro possessore*, celui qui ne se prétend pas du tout héritier, ou qui le prétend par un mensonge. Cette explication ne nous paraît pas admissible, d'abord parce qu'elle force le sens du mot *vel*, qui veut dire *même*, et non pas *ou* ; ensuite parce qu'elle est en contradiction avec l'opinion exprimée par Ulpien dans le même texte, où ce jurisconsulte déclare que le possesseur qui sait n'être pas héritier, n'en est pas moins un possesseur *pro herede*, lorsqu'il prend ce titre. D'autres auteurs ont, avec raison suivant nous, fait remarquer que, dans les deux textes cités plus haut, il y avait deux manières de voir. Ulpien cite Proculus et admet l'opinion proculéienne ; Gaïus, au contraire, était Sabinien. Seulement, à quoi peut tenir cette divergence ? Elle provient sans doute de l'ancienne

usucapion *pro herede*, qui permettait primitivement d'usucaper même le titre d'héritier; elle avait été modifiée par un sénatus-consulte d'Adrien, qui permit à l'héritier véritable d'intenter la pétition d'hérédité contre ceux qui avaient usucapé *pro herede* : ces derniers étaient encore propriétaires vis-à-vis des tiers, mais non plus vis-à-vis de l'héritier. Cela posé, en se reportant au droit ancien, il est naturel de dire que celui qui possède, même de mauvaise foi, des choses héréditaires, en s'attribuant la qualité d'héritier, possède *pro herede*, puisqu'il est en voie d'usucaper à ce titre. Si, au contraire, on se place après le sénatus-consulte d'Adrien, en considérant que les effets d'une telle usucapion sont annulés, au moins à l'égard de l'héritier, on conçoit que Gaïus refuse à la possession de mauvaise foi la qualification de possession *pro herede*.

Celui qui possède en vertu d'un titre nul est absolument dans la même position que celui qui possède sans titre; c'est ce qui fait dire à Ulpien, dans la loi 13 pr., que la possession *pro possessore* peut s'unir à tous les titres, c'est-à-dire que, toutes les fois qu'on possède sciemment en vertu d'un titre vicieux, on n'a qu'en apparence la possession en vertu de ce titre. Il en est ainsi de celui qui a acheté d'un homme qu'il savait fou; de celui qui, ayant épousé une mineure de douze ans, en aurait reçu quelque chose en dot; de l'époux qui a reçu une donation de son conjoint; du légataire qui aurait touché le legs à lui fait, sur une cause dont il connaissait la fausseté : dans tous ces cas, le titre *pro possessore* s'adjoindrait aux titres *pro emptore, pro dote, pro donato, pro legato.* Mais celui qui possédera véritablement à titre d'acheteur, de donataire, etc., ne pourra être attaqué que par la revendication. La raison de cette différence est qu'il n'y a que celui qui soulève une controverse sur l'hérédité qui puisse être soumis à la pétition d'hérédité. Cette distinction entre les deux actions a une grande importance et sous le rapport de la preuve à faire par le demandeur, et sous celui de la restitution des fruits.

Le demandeur en pétition d'hérédité peut toujours s'assurer par une interrogation *in jure* de la qualité en laquelle son adversaire prétend posséder : la loi 11, Cod. *de petitione hereditatis*, oblige ce dernier à déclarer s'il prétend posséder *pro herede* ou *pro possessore*.

On peut posséder, à l'un ou l'autre titre, soit une ou plusieurs choses, soit un ou plusieurs droits dépendant de l'hérédité. De là le possesseur est dit, suivant les cas, *possessor rei* ou *possessor juris*; l'un et l'autre sont soumis à la pétition d'hérédité.

La pétition d'hérédité peut être intentée non-seulement contre celui qui possède les objets dont la propriété appartenait au défunt, mais encore contre celui qui possède des objets qui lui avaient été donnés en gage ou en dépôt. La raison en est que l'héritier est responsable de ces choses. Il en est de même des objets pour la restitution desquels le défunt avait l'action Publicienne.

La pétition d'hérédité est encore accordée contre celui qui possède des objets sur lesquels le défunt n'avait qu'un simple droit de rétention, par exemple lorsqu'il avait juré que la chose n'appartenait pas au demandeur en revendication. Celui qui ne détient que des fruits de l'hérédité est également passible de cette action, car les fruits font partie de la succession : *fructus augent hereditatem.*

Ainsi que nous l'avons dit, on peut posséder, soit *pro herede*, soit *pro possessore*, non-seulement des choses corporelles, mais encore des droits. Qu'est-ce que posséder un droit *pro herede* ou *pro possessore ?* On entend, en général, par posséder un droit, exercer un droit autre que le droit de propriété. Posséder un droit *pro herede*, c'est donc exercer un droit héréditaire, en se prétendant héritier. Par exemple, un débiteur de la succession refuse de payer une dette héréditaire, en se prétendant héritier ; il ne nie pas l'existence de la dette, mais il soutient qu'il y a eu confusion, parce qu'il est héritier. Ce débiteur est un *possessor juris*, car il se met en possession d'une créance héréditaire. Il en serait autrement si le débiteur, sans se prétendre héritier, refusait de payer, sous le prétexte que le demandeur n'est pas l'héritier ; il n'y aurait pas lieu, dans ce cas, à la pétition d'hérédité contre ce débiteur, *qui nullam facit hereditatis controversiam*. L'héritier aurait à exercer, dans ce cas, l'action qui est née du contrat ; mais il devrait justifier de sa qualité d'héritier, qui a fait passer l'action du défunt en sa personne.

La nature de la dette ne modifie pas, d'ailleurs, l'action : il importe peu, en effet, que le débiteur soit obligé, à raison d'un contrat ou d'un délit, envers le défunt ou sa succession, car, jusqu'à l'adition, la succession tient la place du défunt. (L. 31, *in fine, D. de hered. instit.*) Mais il faudra qu'il s'agisse bien d'un débiteur du défunt ou de la succession, et non pas d'un débiteur de l'héritier. Si, par exemple, un affranchi a aliéné en fraude des droits de son patron, celui-ci ne pourra pas agir par la pétition d'hérédité, mais bien par l'action *Calvisiana*; car ce n'est que comme patron, et non comme héritier, qu'il peut obtenir la révocation de l'aliénation.

Il y aurait également possession d'un droit *pro herede* dans l'hypothèse suivante : le défunt a légué une chose *detracto usufructu*; l'héritier institué a délivré la chose, en retenant l'usufruit; mais le testament est plus tard annulé. L'agnat qui l'a fait annuler peut intenter la pétition d'hérédité contre le prétendu héritier, à raison du droit héréditaire qu'il possède.

Il est plus difficile de comprendre comment on peut posséder un droit héréditaire *pro possessore*. Cependant la loi 13, § 1, D. *de servo corrupto*, nous en donne un exemple. Cette loi permet d'agir par la pétition d'hérédité contre celui qui a corrompu un esclave héréditaire, parce qu'il peut être assimilé à un *prædo*. En effet, ce corrupteur d'esclave s'est rendu débiteur par un délit; dès lors il n'a pas de cause de possession qu'il puisse invoquer; il se trouve dans la même position que celui qui possède en vertu d'une donation ou d'une vente nulle; il ne peut pas invoquer son titre.

Il n'y a pas que le possesseur de choses ou de droits héréditaires qui soit soumis à la pétition d'hérédité; celui qui en possède le prix peut également être attaqué par cette action. Peu importe, d'ailleurs, que le défendeur possède par lui-même ou par les personnes soumises à sa puissance. Si la succession est possédée par un esclave ou par un fils de famille, on pourra agir contre le maître ou le père, s'il est en état de la rendre. Il peut arriver que l'esclave, au lieu de conserver les objets de la succession en nature, les ait vendus; dans ce cas encore, le maître pourra être actionné. Cujas et Pothier pensent que ce sera alors comme *rei possessor*, et non pas comme *juris possessor*, que le maître sera soumis à l'action en pétition d'hérédité; ils attribuent le mot *juris*, qui se trouve dans la loi 34, D. *de hered. pet.*, à une erreur de copiste. Cette correction n'est pas nécessaire. Le prix des choses héréditaires n'est pas chose héréditaire. Le maître ne peut garder le prix qu'a touché son esclave, mais celui-ci a seulement fait l'affaire de l'hérédité; il a un compte à rendre comme *negotiorum gestor*; il est donc réellement *possessor juris*. On pourra aussi agir contre le maître, bien que l'esclave n'ait pas encore touché le prix des objets qu'il a vendus, car l'action qu'il a pour se le faire payer a été acquise à son maître.

Dans ce cas, la demande qui est formée contre le père ou le maître qui possède le prix des choses vendues doit-elle l'être dans l'année de la mort du fils ou de l'esclave, ou de l'affranchissement de l'esclave? Le père ou le maître pourra-t-il déduire ce qui lui est dû? Julien et Proculus pensent qu'il faut alors donner une action perpétuelle, sans qu'aucune déduction puisse être opérée; car on n'agit pas par l'action *de peculio*, mais par la pétition d'hérédité. Il en sera autrement si on agit contre le maître, parce que l'esclave est débiteur de la succession; ce serait alors véritablement l'action *de peculio* qui serait intentée, et il faudrait en suivre les règles.

C'est aussi comme *possessor juris* que serait tenu celui qui aurait touché une créance héréditaire. Il ne détient pas une chose de la succession; la créance seule en faisait partie. Lors donc qu'on demande ces prestations au possesseur, c'est comme débiteur qu'on l'actionne, et parce qu'il a contracté, comme gérant d'affaires, l'obligation de rendre compte.

La pétition d'hérédité peut également s'intenter contre celui qui, ayant lui-même dirigé cette action contre une autre personne, a triomphé et en a obtenu la *litis æstimatio*.

On peut concevoir juridiquement une hérédité indépendamment de tout objet corporel. L'hérédité est un droit, un *nomen juris*, qui existe alors même que le défunt ne laisse aucun bien. On pourra donc agir par la voie de la pétition d'hérédité contre celui qui n'a entre les mains aucun objet héréditaire, mais seulement un droit provenant de la succession. Par exemple, le possesseur d'un objet héréditaire en a été

dépouillé par violence; il a, pour en recouvrer la possession, l'interdit *unde vi*. Dans ce cas, il y aura deux personnes à la fois qui se trouveront soumises à la pétition d'hérédité : l'une pour lui faire céder l'interdit *unde vi*, qui est un droit héréditaire, puisqu'il ne lui appartient qu'à l'occasion de la succession; l'autre, parce qu'elle possède une chose héréditaire et qu'elle la possède *pro possessore*.

De même, le possesseur de bonne foi, qui a vendu ce qu'il possédait et qui n'en a pas encore reçu le prix, est passible de la pétition d'hérédité; s'il succombe, il devra céder les actions qui lui compètent contre son acheteur.

D'après Julien, on peut encore intenter la pétition d'hérédité contre celui qui a restitué la succession en tout ou en partie, par suite d'un fidéicommis. Il a, en effet, une action pour se faire rendre ce qu'il a ainsi remis, et il est alors *veluti juris possessor*. Il en sera de même s'il a payé le prix des choses qu'il a distraites de la succession qu'il devait rendre. Mais, dans tous ces cas, il lui suffira de céder ses actions.

Il faut remarquer qu'il n'y a de soumis à cette action que celui qui possède en son propre nom, et non celui qui possède au nom d'un autre.

Jusqu'ici nous nous sommes occupé de ceux qui sont soumis à la pétition d'hérédité, parce qu'ils possèdent *pro herede* ou *pro possessore* des choses ou des droits dépendant de la succession; leurs héritiers seront pareillement soumis à cette action, s'ils sont eux-mêmes en possession, sans qu'il y ait à rechercher leur intention, et alors même qu'ils croiraient que ce qu'ils possèdent provient de la succession qui leur a été déférée.

CHAPITRE IV.

DE L'ACTION UTILE EN PÉTITION D'HÉRÉDITÉ.

A côté de l'action directe, le préteur avait introduit une action utile, qu'il donnait dans les cas qui n'étaient pas précisément prévus dans le droit civil. Jusqu'ici nous avons passé en revue les personnes qui sont tenues de l'action directe, soit comme *possessores rei*, soit comme *possessores juris*, et qui joignent à ce titre celui de possesseurs *pro herede* ou *pro possessore* ; il en est cependant d'autres contre lesquelles on ne peut donner que l'action utile, parce qu'elles ne réunissent pas ces conditions exigées par le droit civil. Nous avons donc à rechercher quelles sont ces personnes.

L'action utile se donne, en premier lieu, contre ceux qui possèdent une hérédité entière, quoique à titre singulier, comme leur ayant été vendue, donnée ou acquise à quelque titre semblable ; tel est le mari à qui sa femme a apporté en dot une succession entière ; la femme sera bien tenue de l'action directe, surtout si le divorce a eu lieu, parce qu'alors elle a une action au moyen de laquelle elle peut se faire rendre tout ce qu'elle a donné en dot ; mais comme, pendant le mariage, on ne peut agir contre elle, on accorde contre le mari l'action utile.

On donne aussi la pétition d'hérédité utile contre celui qui a acheté du fisc une hérédité dont ce dernier s'était emparé comme vacante. Mais cette disposition devint inapplicable lorsque la constitution de Zénon eut décidé que l'acheteur ne pourrait jamais être inquiété, et que le véritable propriétaire n'aurait qu'une action contre le fisc, prescriptible par le laps de quatre ans.

On peut aussi intenter l'action utile contre celui qui, ne possédant pas, s'est offert au procès. S'offrir au procès, c'est déclarer qu'on possède, quand on ne possède pas ; c'est accepter la question telle que le demandeur se prépare à la poser devant le préteur, et par conséquent le tromper, en l'empêchant d'attaquer le véritable possesseur. Ce dol du défendeur doit être réprimé, et le juge peut le condamner à réparer les suites de cette fraude, à indemniser le demandeur, si, par exemple, pendant le temps perdu par suite de cette erreur, le véritable possesseur a acquis des fruits, est arrivé à l'usucapion, ou est devenu insolvable.

Il faut, du reste, qu'il y ait eu dol véritable, et que le demandeur en ait souffert. Si donc le défendeur, après avoir affirmé qu'il possédait, a déclaré le contraire lors de la *litis contestatio*, c'est par suite, non d'une tromperie, mais d'une erreur à lui propre, que le demandeur a néanmoins requis la délivrance de la formule. Il en serait de même si l'héritier savait que son adversaire mentait quand il se déclarait possesseur. Il n'y a alors ni erreur, ni préjudice causé, ni par conséquent lieu à indemnité.

La pétition d'hérédité utile se donne encore contre celui qui a cessé de posséder par dol, quand même cette perte de possession aurait eu lieu avant la *litis contestatio*. C'est en ce sens que la pétition d'hérédité comprend le *dolus præteritus* : ce dol consiste à se défaire des objets héréditaires, quoiqu'on sache que l'on n'est pas héritier, et que l'on peut être actionné par l'héritier véritable. Dans ce cas, l'héritier qui a obtenu condamnation n'en conserve pas moins le droit d'intenter la pétition d'hérédité directe contre le véritable possesseur. La somme à laquelle le premier défendeur a pu être condamné n'est que la peine de sa manœuvre frauduleuse ; il la paye en son propre nom, et non à la décharge du vrai possesseur, dont la position vis-à-vis de l'héritier n'est pas changée.

Il en serait autrement si le véritable possesseur, d'abord actionné, avait restitué la chose ou en avait payé la valeur. L'héritier ne pourrait plus faire condamner celui qui, par dol, a cessé de posséder. En effet, la condamnation que celui-ci encourt est destinée à indemniser le demandeur du tort qu'il éprouve ; or le demandeur n'a plus d'intérêt, s'il a déjà obtenu la restitution de la chose ou le payement de sa valeur.

Si, pendant le procès intenté par l'héritier contre le défendeur qui ne possède pas, à raison du dol qu'il a commis, le véritable possesseur déclarait qu'il est prêt à soutenir le procès, l'héritier devrait abandonner la première poursuite, à moins qu'il n'eût intérêt à la continuer, à cause des difficultés que pourrait présenter pour lui un procès contre le véritable possesseur.

D'après le sénatus-consulte Juventien, dont nous parlerons plus loin, le défendeur qui a cessé de posséder par dol doit être condamné comme s'il possédait encore. Il n'est donc pas débiteur du prix qu'il a reçu, prix qui pourrait être bien inférieur à la valeur de l'objet vendu, mais de la valeur même de cet objet ; à moins, cependant, que le prix ne soit supérieur à cette valeur, car, dans ce cas, le possesseur, en retenant la différence existant entre le prix et la valeur, retirerait un profit de l'hérédité; or il n'en doit retirer aucun.

L'action utile en pétition d'hérédité peut encore s'intenter contre l'acheteur de l'hérédité : telle est la décision donnée par la loi 13, § 4, D. *de heredit. pet.*, qui est ainsi conçue : « Quid, si quis hereditatem emerit : an utilis in eum petitio hereditatis deberet dari, ne singulis judiciis vexaretur? Venditorem enim teneri certum est. Sed finge non exstare venditorem, vel modico vendidisse, et bonæ fidei possessorem fuisse : an porrigi manus ad emptorem debeant? Et putat Gaius Cassius dandam utilem actionem. » L'espèce prévue par cette loi est donc celle-ci : l'héritier apparent a vendu l'hérédité et livré tout ce qui la compose ; dans ce cas, Ulpien décide que l'héritier véritable pourra actionner l'acheteur par l'action utile. Il est d'abord évident qu'il peut actionner le vendeur, c'est-à-dire l'héritier apparent, par la pétition d'hérédité directe ; car, si ce vendeur est de bonne foi, il possède sous une autre forme des choses héréditaires, puisqu'il possède le prix qu'il a retiré de la vente ; et s'il est de mauvaise foi, il doit être traité comme s'il possédait encore. Mais ensuite Ulpien suppose *non exstare venditorem*, c'est-à-dire que le vendeur soit mort insolvable, sans laisser d'héritier, ou bien qu'étant de bonne foi, il ait vendu l'hérédité pour un prix modique, auquel cas, d'après le sénatus-consulte Juventien, il ne peut être tenu que jusqu'à concurrence de ce qu'il a reçu ; évidemment alors l'héritier véritable aura un grand intérêt à pouvoir actionner l'acheteur. D'un autre côté, celui-ci ne peut être poursuivi par la pétition d'hérédité directe, puisque, bien qu'il possède des objets héréditaires, il ne les possède ni *pro herede* ni *pro possessore*, mais à titre d'achat et comme successeur particulier de son vendeur.

La seule action directe que l'héritier pourrait exercer contre lui est dans la revendication, qu'il devrait former séparément pour chaque objet de l'hérédité, ce qui entraînerait un grand nombre de procès. Aussi, pour ne pas vexer inutilement ce possesseur par un tel nombre d'actions, *ne singulis judiciis vexaretur*, on donne contre lui la pétition d'hérédité utile, c'est-à-dire étendue, *utilitatis causa*, à une hypothèse non prévue par le droit civil.

Si cet acquéreur de l'hérédité était de mauvaise

foi, quelques jurisconsultes pensaient qu'il possédait *quasi pro possessore*, et qu'alors il devait être soumis à l'action directe ; mais Ulpien désapprouve cet avis, et le déclare seulement tenu de l'action utile en pétition d'hérédité, comme acheteur d'une universalité, par le motif qu'on ne peut considérer comme *prædo* celui qui a payé un prix.

Le texte de la loi 13, § 4, *de hereditatis petitione*, en accordant à l'héritier véritable une action utile en pétition d'hérédité, et en lui reconnaissant le droit de revendiquer chaque objet de l'hérédité, ne distingue pas entre le cas où l'héritier apparent est de bonne foi et celui où il est de mauvaise foi ; il ne s'inquiète pas non plus du recours en garantie que l'acquéreur pourra avoir contre lui. Dans un autre passage, Ulpien s'occupe spécialement du cas où il s'agit de la vente d'objets particuliers faite par un possesseur de bonne foi ; examinons ce qui se passe alors.

La loi 25, § 17, qui prévoit cette hypothèse, est ainsi conçue : « Item si rem distraxit bonæ fidei possessor, nec pretio factus sit locupletior, an singulas res, si nondum usucaptæ sint, vindicare petitor ab emptore possit ? et si vindicet, an exceptione non repellatur, *quod præjudicium hereditati non fiat inter actorem, et eum, qui venumdedit* : quia non videtur venire in petitionem hereditatis pretium earum : quanquam victi emptores reversuri sunt ad eum, qui distraxit ? Et puto posse res vindicari, nisi emptores regressum ad bonæ fidei possessorem habent. Quid tamen, si is qui vendidit, paratus sit ita defendere hereditatem, ut perinde, atque si possideret, conveniatur? Incipit exceptio locum habere ex persona emptorum. Certe, si minori pretio res venierint, et pretium quodcumque illud actor sit consecutus, multo magis poterit dici, exceptione eum summoveri. »

Cette loi, qui a soulevé de nombreuses difficultés et a été interprétée de diverses manières par les auteurs tant anciens que modernes, pose le cas où un héritier apparent de bonne foi a vendu à des acquéreurs des biens dépendant de l'hérédité et ne s'est pas enrichi du prix ; et elle examine successivement si les acquéreurs ne pourraient pas opposer des exceptions contre l'action dirigée par l'héritier véritable pour les évincer. Elle parle de trois exceptions différentes : de l'exception *quod præjudicium hereditati non fiat,* de l'exception fondée sur le sénatus-consulte Juventien, enfin d'une exception de dol.

Lorsque l'héritier véritable avait obtenu du vendeur le prix, quelque modique qu'il fût, produit des ventes, il ne pouvait plus évincer les acquéreurs, et, s'il voulait les attaquer, ceux-ci le repoussaient par l'exception de dol qu'ils opposaient de leur chef. C'est également ce que décident, pour des cas analogues, les lois 49, D. *mandati,* et 77, § 5, D. *de legatis 2°.*

Quand le vendeur de bonne foi, quoique ne s'étant pas enrichi du prix, consentait cependant à laisser intenter contre lui la pétition d'hérédité et à y défendre, le véritable héritier recevait alors en indemnité le prix que l'héritier apparent avait retiré des ventes, et si, dans ce cas, il voulait attaquer les acquéreurs, ceux-ci pouvaient lui opposer, mais de leur propre chef, l'exception *quod præjudicium hereditati non fiat.*

Telles sont les deux exceptions dont parle la fin du paragraphe. Dans la première partie, Ulpien suppose les acquéreurs d'objets particuliers poursuivis par l'héritier véritable, et il se demande si sa revendication est possible, et si elle ne pourrait pas être repoussée, au moins momentanément, par l'exception « quod præjudicium hæreditati non fiat inter actorem et eum qui venumdedit. »

Il est évident que le principe du droit de revendication de l'héritier véritable contre les tiers acquéreurs, ayants cause de l'héritier apparent, n'est point contestable en lui-même. Il est posé au Code dans les lois 2 et 7, *de petitione hereditatis*, et loi 4, *in quibus causis cessat longi temporis præscriptio.* Ulpien admet aussi ce principe : *et puto posse res vindicari*; mais, immédiatement après, il se préoccupe d'une autre exception tirée du sénatus-consulte Juventien, et fondée sur la faveur accordée à l'héritier apparent de bonne foi de n'être tenu que jusqu'à concurrence de ce dont il s'était enrichi. Par suite du recours en garantie de l'acheteur évincé, il se trouvera atteint au delà du profit qu'il a retiré de la vente. Ne faut-il pas reconnaître que, dans ce cas, l'acquéreur pouvait opposer une exception *ex persona venditoris*, et repousser ainsi la revendication ? Doneau, Pothier et M. Troplong pensent que la revendication pourra être repoussée par l'acheteur au moyen de cette exception *ex persona venditoris*, et les mots du texte : « Et puto posse res vindicari, nisi emptores regressum ad bonæ fidei possessorem habent, » semblent leur donner raison. Mais alors la loi 13, § 4, exprime une opinion diamétralement contraire. L'action utile en pétition d'hérédité n'est, en effet, donnée contre l'acquéreur que pour qu'il ne soit pas tourmenté par autant de revendications spéciales qu'il y a d'objets particuliers dans l'hérédité. Il est donc soumis à la revendication, malgré la bonne foi de l'héritier apparent, qui pourtant, dans l'espèce, *modico vendiderat*. Aussi le président Favre, après d'ingénieuses remarques grammaticales, n'hésite-t-il pas à supposer que le texte de la loi 25, § 17, a été altéré, et qu'il faut remplacer le mot *nisi* par *etsi*. Toute difficulté disparaît alors, et les deux textes se trouvent en harmonie; mais cette conjecture, qui ne s'appuie sur aucune preuve, ne saurait être admise, et elle n'a été adoptée par aucun auteur. Merlin accorde l'exception *ex persona venditoris* à l'acheteur d'objets particuliers; mais, pour ne pas laisser sans application possible la loi 13, § 4, il la refuse à l'acheteur de tout ou partie de l'hérédité; distinction impossible, puisque l'acheteur de l'hérédité était, en principe, traité comme l'acheteur d'objets particuliers, et que c'était uniquement *ne singulis judiciis vexaretur*, qu'il avait été déclaré passible de l'action utile en pétition d'hérédité. MM. Toullier, Duranton et Pellat donnent, au contraire, de la difficulté qui nous occupe, l'interprétation suivante : tant que l'usucapion ne s'est pas accomplie, l'héritier véritable ne peut pas perdre son droit de propriété sur la chose, si favorable que soit, d'ailleurs, la position du tiers détenteur. Dans la loi 25, § 17, il ne s'agit donc pas de savoir si l'héritier peut revendiquer contre l'acheteur, ce qui est hors de doute, mais seulement de savoir si la revendication peut être suspendue par un *præjudicium;* si, en un mot, l'acheteur peut écarter momentanément l'héritier revendiquant par le raisonnement suivant : Vous dites que cette chose est à vous, parce que vous vous prétendez héritier de Titius ; mais moi, je l'ai achetée de Sempronius, qui se prétendait aussi héritier de Titius ; ainsi allez d'abord faire juger contre Sempronius que vous êtes véritablement l'héritier de Titius, car nous ne pourrions débattre le procès sur la question de propriété, sans faire préjuger, par la décision qui serait rendue, la question d'hérédité. Ceci explique la première phrase de la loi 25, § 17 : « Si l'héritier revendique, faut-il dire qu'il ne sera pas repoussé par l'exception *quod præjudicium non fiat hereditati ?* » Il semble qu'il faille le dire, sous-entend Ulpien, car il n'y a pas de pétition d'hérédité à intenter contre l'héritier putatif au sujet de la chose vendue, puisque, par hypothèse, il en a dissipé le prix, *quia non videtur venire in petitionem hereditatis pretium earum,* et ne possède, par conséquent, plus rien qui en soit la représentation. Or, toutes les fois que la pétition d'hérédité n'était pas possible, le préjugé d'une décision sur l'autre n'étant plus à craindre, l'exception *quod præjudicium* n'avait plus de raison d'être. Cependant, ajoute Ulpien, l'exception *quod præjudicium* pourra être opposée, si l'acheteur a un recours contre son vendeur, ce qui, le plus souvent, aura lieu. En effet, la pétition d'hérédité est alors possible, car, si l'acheteur est évincé, le possesseur de l'hérédité sera obligé de l'indemniser par l'action en garantie. Ce dernier a, par conséquent, intérêt à prouver que c'est lui qui est héritier et qu'il n'a point vendu la chose d'autrui. Voilà pourquoi Ulpien décide que la revendication immédiate n'est possible que dans le cas où l'acheteur n'a point de recours contre son vendeur.

L'interprétation que nous venons de donner de la loi 25, § 17, D. *de hered. pet.*, est conforme à la décision contenue dans la loi 13, § 4, *eod. tit.*; mais elle paraît contraire à la disposition du sénatus-consulte Juventien, d'après laquelle le possesseur de bonne foi ne peut être tenu que jusqu'à concurrence de ce dont il se trouve enrichi. Or, l'action en garantie devant avoir pour résultat d'appauvrir le patrimoine particulier de l'héritier apparent, puisque l'on suppose que celui-ci a dissipé le prix sans en tirer aucun profit, il arrivera qu'en revendiquant, l'héritier véritable obtiendra, par une voie indirecte, un résultat qu'il lui est interdit d'atteindre directement. Mais on peut répondre à cette objection : Il est vrai que, par la pétition d'hérédité, l'héritier putatif ne doit rendre que ce dont il s'est enrichi ; mais ici ce n'est ni à l'héritier véritable, ni par suite de la pétition d'hérédité qu'il doit payer des dommages-intérêts ; il les payera, comme vendeur, à l'acheteur évincé, par suite de l'action *ex empto*. La règle du sénatus-consulte Juventien ne concerne pas les rapports particuliers de l'héritier apparent, considéré comme vendeur, vis-à-vis de son acheteur.

CHAPITRE V.

DE LA PROCÉDURE EN MATIÈRE DE PÉTITION D'HÉRÉDITÉ.

L'action en pétition d'hérédité a nécessairement suivi le mouvement de transformation qui a successivement développé à Rome les trois systèmes de procédure que l'on désigne par les expressions de système des actions de la loi, système formulaire, système de la procédure extraordinaire.

Dans l'ancien droit romain, alors que le système des actions de la loi était en vigueur, le *sacramentum* constituait la procédure de la pétition d'hérédité. La *manuum consertio*, lutte d'abord réelle, plus tard devenue fictive, qui formait le préliminaire de cette action, s'engageait sur un objet quelconque de l'hérédité, qui était censé représenter l'hérédité elle-même. Puis avaient lieu la *vindicatio* et les diverses autres formalités qui constituaient la *legis actio*. L'affaire se terminait devant le juge, qui déclarait *injustum* le *sacramentum* de la partie dont la prétention ne lui paraissait pas fondée. Pour la pétition d'hérédité, à cause de l'importance qui s'attachait, aux yeux des Romains, aux causes relatives aux successions, par suite de la transmission des *sacra*, les parties étaient renvoyées devant le tribunal des centumvirs, le plus important et par le nombre des juges, la présence du préteur et la solennité de ses délibérations : dans le lieu de ses audiences était plantée l'*hasta*, symbole de la propriété quiritaire. Tribunal éminemment démocratique, il survécut à l'abolition des actions de la loi, vers la fin du VIe siècle de Rome, et comme il ne comportait d'autre procédure que celle des actions de la loi, et, parmi celles-ci, que l'action *sacramenti*, il en est résulté ce phénomène particulier que, même dans sa décadence postérieure et progressive, il en a conservé les vestiges et en a perpétué l'emploi jusque dans la pratique de l'époque impériale, au milieu des nouvelles procédures.

La pétition d'hérédité recevait de la juridiction du tribunal des centumvirs un caractère très-remarquable. Les causes soumises à ce tribunal, questions d'état, questions de successions, étant les plus importantes, ne pouvaient, à cause de cette importance même, être jugées incidemment par un autre tribunal, à propos d'une question subsidiaire, mais devaient être tranchées dans leur ensemble pour le principal intéressé. Aussi les juges devant lesquels s'élevait incidemment la pétition d'hérédité devaient-ils suspendre leurs décisions jusqu'à ce que le tribunal centumviral se fût prononcé, afin que la question de succession arrivât intacte devant lui. Pour atteindre ce but, toutes les fois que la solution d'une autre affaire pouvait avoir une influence sur la pétition d'hérédité et établir un préjugé, on accordait au défendeur une exception qui lui permettait de faire renvoyer son affaire jusqu'au jugement de la pétition d'hérédité. C'est cette exception que l'on a appelée l'exception *quod præjudicium hereditati non fiat.*

Dans le principe, cette exception se plaçait en tête de la formule ; c'est un des exemples les plus remarquables des prescriptions introduites en faveur du défendeur ; mais, plus tard, elle rentra dans la classe des exceptions ordinaires et en prit le nom.

On ne devra même pas prononcer sur une question de liberté donnée par testament, lorsqu'on s'attend à un procès sur l'ensemble de la succession ; un sénatus-consulte et un rescrit de Trajan avaient ordonné de différer le jugement sur la liberté jusqu'à ce que la plainte d'inofficiosité, qui est une espèce particulière de pétition d'hérédité, fût terminée. Si cette dernière action n'avait pas encore été intentée, le juge devait fixer un délai assez court pour le faire, passé lequel il prononçait sur la question de liberté, si rien ne s'était produit. Ce délai a été fixé par Justinien à un an. (L. ult., Cod. *de petit. hered.*)

C'est dans ce sens qu'a été rendu un rescrit d'Antonin le Pieux, dans une espèce où un esclave avait été institué héritier par son maître, qui avait, en même temps, exhérédé son fils ; celui-ci pouvait intenter la plainte d'inofficiosité, mais il ne le faisait pas, et se contentait de revendiquer l'esclave en servitude, comme étant lui-même héritier *ab intestat*. L'esclave, de son côté, opposait l'exception « quod præ-[illegible], etc., » disant qu'on devait d'abord intenter la plainte d'inofficiosité. Pour se décider, il faut voir si c'est l'esclave qui est en possession de la succession, ou bien le fils. Si c'est l'esclave, on doit différer l'action sur la liberté jusqu'au jour où l'autre action serait intentée, ce que peut facilement faire le fils exhérédé, puisqu'il ne possède pas. Si, au contraire, c'est le fils qui possède la succession, il ne peut pas former la plainte d'inofficiosité, qui, comme la revendication, n'est pas donnée au possesseur. Ce n'est que par voie d'exception, et si l'esclave intente la pétition d'hérédité, qu'il peut soutenir que le testament est inofficieux. (L. 8, § 13, D. *de inoff. test.*) Au lieu d'agir ainsi, l'esclave se contente de demander la liberté, parce qu'il craint que, en agissant par la pétition d'hérédité, il ne perde à la fois et la succession et la liberté, et qu'il aime mieux être libre, tout en perdant la succession. En même temps, il dit que le fils ne peut lui contester son état, au moins pendant les cinq ans que dure la plainte d'inofficiosité, parce qu'on ne peut rien faire qui lui préjudicie. C'est cette dernière prétention que rejette le rescrit, et comme, dans ce cas, la plainte d'inofficiosité ne peut être intentée, le juge statuera sur la liberté.

La loi 7, § 1er, D. *de hered. pet.*, dit qu'on diffère l'action sur la liberté, tandis que la loi 2, C. *de ordinar. cogn.*, dit que, en cas de concours entre deux actions dont l'une a pour objet la liberté, et l'autre l'hérédité, c'est l'action sur la liberté qui doit venir la première. Cette contradiction apparente s'explique facilement par le § 2 de la loi 7, *de hered. pet.* La pétition d'hérédité viendra la première, si les deux actions naissent du testament, tandis que ce sera l'action sur la liberté, si elle provient de toute autre cause, et qu'on ne tire aucune preuve du testament.

Toutes les actions, quelles qu'elles soient, qui pourraient préjudicier à la pétition d'hérédité, doivent donc être différées jusqu'à ce que l'instance sur cette action soit terminée. Il en sera cependant autrement, s'il y a péril en la demeure. Ainsi, dans la loi 49, Papinien dit que si celui qui possède de bonne foi une hérédité veut agir contre les débiteurs de la succession ou ceux qui en détiennent quelques objets, il devra y être autorisé, s'il y a lieu de craindre la perte des actions pendant les délais qui précèdent la *litis contestatio*, et le demandeur en pétition d'hérédité pourra lui-même agir sans qu'on lui oppose l'exception, car il pourrait arriver que le possesseur de bonne foi négligeât d'agir ou même ignorât son droit.

De même que l'héritier et le possesseur de bonne foi peuvent agir, dans certains cas, sans attendre l'issue de la pétition d'hérédité, de même, avant Justinien, les créanciers du défunt pouvaient agir, en cas d'urgence seulement, sans qu'on pût leur opposer l'exception *quod præjudicium*.

Justinien, par une constitution qui forme la loi ult., C. *de petit. hered.*, décida que les créanciers du défunt pouvaient, avant l'issue de la pétition d'hérédité, agir soit contre le demandeur, soit contre le possesseur, sans qu'on pût leur opposer l'exception *quod præjudicium*... Ce que l'un des deux adversaires aura payé lui sera rendu par celui qui aura triomphé sur la pétition d'hérédité. Il permit également aux légataires et aux fidéicommissaires d'agir contre le possesseur, à la charge de donner caution de restituer la chose léguée avec les fruits, ou l'argent légué avec les intérêts à 3 0|0, si le possesseur vient à succomber. S'ils ne veulent pas donner cette caution, ils pourront former leur demande; mais, après la *litis contestatio*, ils devront attendre l'événement de la pétition d'hérédité. Quant aux esclaves affranchis par testament, ils devront attendre un an le jugement à intervenir sur la pétition d'hérédité, et, selon l'issue qu'elle aura, les affranchissements seront maintenus ou annulés; passé ce délai, si l'instance n'est pas encore terminée, on leur accordera la liberté, qui ne pourra plus être révoquée que pour cause de fausseté du testament.

La pétition d'hérédité, avons-nous vu, suspend toute action qui pourrait lui porter préjudice; mais elle est elle-même suspendue par certaines autres actions, par exemple si le testament qu'invoque le demandeur est attaqué comme faux par le possesseur, parce que l'action criminelle est toujours plus importante que l'action civile.

CHAPITRE VI.

DES EFFETS DE LA PÉTITION D'HÉRÉDITÉ, OU DES CONDAMNATIONS QU'ELLE PEUT ENTRAÎNER.

Par suite de l'action en pétition d'hérédité, le demandeur qui a fait, devant le juge, la preuve de sa qualité, aura des droits à faire valoir contre le possesseur, de même que celui-ci pourra avoir également certaines déductions à opérer. Nous avons à examiner ces conséquences de l'action.

On peut diviser en trois classes les droits de toute nature que les parties ont à faire valoir l'une contre l'autre. La première comprend les restitutions à faire par le possesseur ; la seconde, les prestations personnelles dues par le possesseur à l'héritier ; la troisième, les prestations personnelles de l'héritier envers le possesseur.

Il est difficile de déterminer l'étendue de ces différents droits dans l'ancienne législation romaine ; tous les textes que nous possédons sur ce sujet sont postérieurs à un sénatus-consulte rendu, sur la proposition de l'empereur Adrien, l'an 882 de Rome, et qui est rapporté presque en entier dans la loi 20, § 6, D. *de hered. pet.* Ce sénatus-consulte, que l'on appelle indifféremment sénatus-consulte d'Adrien ou Juventien, du nom de l'un des consuls qui furent chargés de le présenter au sénat, règle l'étendue des droits de l'héritier véritable d'après la bonne ou la mauvaise foi du possesseur. Il importe donc de bien déterminer ce que l'on doit entendre par possesseur de bonne ou de mauvaise foi. Cette détermination est faite par le sénatus-consulte lui-même avec la plus grande précision.

Dans l'espèce soumise au sénat, il s'agissait d'une succession dont une partie devait appartenir au fisc, comme vacante, et qui avait été vendue par ceux qui se croyaient héritiers pour le tout. La décision, quoique rendue pour une partie de la succession, s'applique également pour l'ensemble de la succession, qu'elle soit revendiquée par un particulier ou par le fisc.

Sont possesseurs de bonne foi, ceux qui se sont mis en possession des biens d'une hérédité qu'ils croyaient leur appartenir : « eos autem qui justas causas habuissent, quare bona ad se pertinere existimassent. » Pour être de bonne foi, il ne suffit pas que le possesseur se dise héritier, il faut qu'il ait une juste cause de croire que la succession lui appartient. Cette juste cause peut exister, soit qu'il se prétende héritier *ab intestat*, soit en vertu d'un testament : *ab intestat*, s'il se croit le plus proche héritier, tandis qu'il se trouve des parents d'un degré plus rapproché qu'il ne connaît pas ; en vertu d'un testament, s'il se dit héritier institué, et qu'il montre un testament qu'il croit valable, et qui cependant a un vice qu'il ignore : si, par exemple, le fils du défunt, qu'il croyait mort, est omis.

Ces mots du sénatus-consulte, *justas causas*, paraissent bien permettre de considérer comme possesseur de bonne foi celui qui se croit héritier par suite d'une erreur de fait, mais non celui chez lequel cette croyance ne repose que sur une erreur de droit. (L. 9 pr., D. *de juris et facti ignor.*) Cependant la loi 25, § 6, D. *de hered. pet.*, refuse d'assimiler ce dernier à un *prædo* et de lui appliquer les dispositions du sénatus-consulte relatives au possesseur de mauvaise foi. C'est qu'en effet les termes du sénatus-consulte qui ont trait au possesseur de mauvaise foi ne sauraient s'appliquer à celui qui commet une erreur de droit ; il n'est pas précisément de bonne foi, mais il n'est pas non plus de mauvaise foi, ce qui suffit pour lui appliquer les dispositions relatives au possesseur de bonne foi, avec d'autant plus de raison que le bénéfice dont il s'agit pour un tel possesseur, consiste, comme nous le verrons, non à s'enrichir, mais à éviter une perte. « Et ideo qui errat in jure, » dit le président Favre, « nec in bona, nec in mala fide eo magis est. Porro non tam odio ullo quam commiseratione aliqua dignus est qui errat in jure, non quasi habeat bonam fidem, sed quia non habet malam, quod sufficit, ut mens et æquitas senatus-consulti, quamvis non nisi de bonæ fidei possessoribus locutum sit, ad eum protrahatur. »

Sont, au contraire, possesseurs de mauvaise foi, ceux qui se sont mis en possession d'une succession, sachant parfaitement qu'elle ne leur appartenait pas :

« qui bona invasissent, cum scirent ad se non pertinere. »

Les termes du sénatus-consulte ne se rapportent qu'à celui qui a été de mauvaise foi dès le commencement de sa possession; que décider à l'égard de celui qui, étant de bonne foi dès le principe, a su ensuite que la succession ne lui appartenait pas? A partir de ce moment, il devient possesseur de mauvaise foi. A la différence de ce qui a lieu pour l'usucapion, les effets de la bonne foi cessent, en matière de pétition d'hérédité, au moment où le possesseur apprend que la succession ne lui appartient pas. C'est la décision que donne Ulpien dans la loi 25, § 5, D. *de hered. pet.* « Puto tamen, dit-il, et ad eum mentem senatus-consulti pertinere : parvi enim refert, ab initio quis dolose in hereditate sit versatus, an postea hoc facere cœpit. »

Il faut assimiler au possesseur de mauvaise foi celui qui, par suite d'un fidéicommis tacite, s'est engagé à restituer une succession à un incapable.

Cette distinction fondamentale du sénatus-consulte Juventien exerce son influence sur les trois classes de droits qui peuvent exister entre le demandeur et le défendeur en pétition d'hérédité, par suite du jugement qui prononce en faveur du premier.

SECTION Ire.

DES RESTITUTIONS QUI DOIVENT ÊTRE FAITES AU DEMANDEUR.

La pétition d'hérédité a pour objet principal la revendication de la succession. Le défendeur qui succombe dans cette action doit être condamné à restituer tous les objets héréditaires qu'il possède ; et, sous le nom d'objets héréditaires, il ne faut pas comprendre seulement les objets dont la propriété appartenait au défunt, ou que l'hérédité jacente a pu acquérir, par exemple par l'intermédiaire des esclaves héréditaires, mais il faut encore comprendre sous cette expression les objets *quorum periculum ad heredem pertinet*. Il est juste que l'héritier, qui est alors responsable des risques, puisse veiller lui-même à la conservation de l'objet. C'est ainsi qu'on doit lui restituer les choses que le *de cujus* avait reçues à titre de gage, de commodat ou de dépôt, de même que les objets qu'il était en voie d'usucaper, et dont il aurait pu obtenir la restitution par l'action Publicienne. Dans quelques-unes de ces hypothèses, l'héritier peut avoir une action spéciale pour recouvrer l'objet que possédait le défunt; cette action serait alors comprise dans la pétition d'hérédité. Dans les cas de dépôt ou de commodat, il n'aurait pas d'action réelle, à moins que le contrat n'ait été accompagné de la clause de fiducie, cas auquel le dépositaire ou le commodataire, étant devenu propriétaire, aurait la revendication. Mais, alors même que le contrat n'a pas été accompagné de cette clause, l'héritier aura toujours l'action en pétition d'hérédité ; car la raison d'équité que nous avons indiquée plus haut subsiste toujours. (Loi 19 pr., D. *de hered. petit.*)

Si, au contraire, l'usucapion *pro emptore* s'est accomplie au profit de l'héritier, la chose dont il est ainsi devenu propriétaire ne sera pas comprise dans la pétition d'hérédité, parce qu'il peut la revendiquer directement, sans que le possesseur puisse lui opposer aucune exception, par exemple l'exception *quod præjudicium hereditati non fiat.* Il en est ainsi, parce que cette chose appartient à l'héritier, puisque c'est à son profit que s'est accomplie l'usucapion, et non à la succession. Cependant les choses que le défunt avait reçues de bonne foi et à juste titre *a non domino*, et qui ont été usucapées par l'un de ses héritiers, sont comprises dans l'action *familiæ erciscundæ.* (L. 9, D. *fam. ercisc.*) La raison de cette différence est que, dans cette dernière action, les cohéritiers ne se disputent pas l'hérédité, et qu'il ne s'agit entre eux que de partager également ce qui leur est parvenu du défunt, soit par succession, soit par usucapion.

Le défendeur en pétition d'hérédité qui a succombé devra encore restituer les choses que le défunt pouvait garder par droit de rétention, en opposant une exception, mais qu'il n'aurait pu recouvrer par voie d'action. Il en est ainsi dans le cas où le défunt, détenant des biens sans titre, a fait serment, sur la délation qui lui en était faite, que ces biens n'appartenaient pas à celui que les revendiquait contre lui. Il n'aurait alors qu'une exception et non pas une action; car il n'a pas juré que la chose lui appartenait, mais seulement qu'elle n'appartenait pas au demandeur. Or ce droit de rétention fait partie de l'hérédité, et si un étranger a la possession à titre d'hérédité de la chose qui en fait l'objet, il devra la restituer au véritable héritier, qui la possédera au même titre que le défunt. (L. 19, § 2, D. *de hered. petit.*)

Le défendeur devra également restituer les objets que le défunt possédait *pro herede* ou *pro possessore*, et dont, par conséquent, la possession le rendait passible lui-même de la pétition d'hérédité.

Dans la loi 13, § 11, D. *de hered. petit.*, Ulpien donne comme constante et ne faisant pas difficulté une opinion qui a beaucoup embarrassé les commentateurs et a donné lieu à plusieurs interprétations. L'espèce proposée est celle-ci : Caïus possédait *pro herede vel pro possessore* des choses dépendant de la succession de Titius; il possédait *pro emptore* d'autres objets de la même succession; il est mort laissant un héritier. Celui-ci sera certainement tenu de la pétition d'hérédité pour les choses que son auteur possédait *pro herede* ou *pro possessore*; mais, dit le jurisconsulte, *heredem autem, etiam earum rerum nomine, quas defunctus pro emptore possedit, hereditatis petitione teneri constat, quasi pro herede possideat.* Cet héritier de Caïus posséderait donc *pro herede* des choses que son auteur possédait *pro emptore*. Le président Favre, trouvant cette opinion diamétralement opposée au principe que, pour être tenu de la pétition d'hérédité, il faut posséder *pro herede* ou *pro possessore*, n'hésite pas à supposer que ce paragraphe a été altéré, et, pour le concilier, il y ajoute une négation et le lit ainsi : ...*quas defunctus pro emptore possedit, hereditatis petitione* non *teneri constat*. Aucun autre commentateur n'a admis cette opinion, qui ne s'appuie sur rien de solide.

D'autres interprètes, dont l'opinion est rapportée par Accurse, disent que l'hériter est tenu de la pétition d'hérédité, parce qu'il possède la chose *pro herede*, comme héritier du défunt. Cette opinion ne saurait se soutenir; peu importe sa qualité par rapport à celui de qui il tient son droit ; pour être soumis à l'action, il faut posséder comme héritier de celui de l'hérédité duquel il s'agit ; il faut se dire héritier de Titius, et non de Caïus.

D'autres auteurs, et parmi eux Bartole, pensent que, dans ce paragraphe, il s'agit de l'action utile dont serait tenu l'héritier de l'acheteur, et ils s'appuient sur ce que, dans les autres paragraphes de la même loi, Ulpien parle aussi de l'action utile. Mais cette opinion ne saurait non plus être admise, car, dans les autres parties de la loi 13, où Ulpien dit que celui qui possède *pro emptore* est tenu de l'action utile, il s'agit de l'acheteur de l'hérédité entière, et non, comme dans l'hypothèse prévue, de celui qui n'a acheté que des objets particuliers. D'ailleurs, dans la dernière partie de la loi, ainsi conçue : *Quamvis etiam earum rerum nomine, quas pro herede vel pro posses-*

sore defunctus possedit, utique teneatur, il s'agit évidemment de l'action directe; comment alors admettre que, dans ces deux parties, Ulpien ait entendu parler des deux actions directe et utile, sans les distinguer aucunement?

D'autres pensent que l'héritier serait tenu de la pétition d'hérédité pour les choses que son auteur possédait *pro emptore*, parce qu'il croyait que le défunt les possédait *pro herede*. Cette interprétation ne saurait être admise, l'opinion de l'héritier ne l'empêchant pas d'être tenu de la pétition d'hérédité pour les choses que son auteur possédait *pro herede* ou *pro possessore*, quoique lui, héritier, ne le sût pas et crût les posséder à un autre titre; de même cette opinion ne saurait faire qu'il fût tenu de la pétition d'hérédité pour les choses que le défunt possédait *pro emptore*. C'est à l'opinion du défunt qu'il faut s'atcher plutôt qu'à celle de son héritier. (L. *cum heres*, D. *de diversis tempor. præscrip.*) Le défunt a possédé *pro emptore*, et n'aurait pu être actionné par la pétition d'hérédité; son héritier, qui le représente, ne pourra donc pas l'être davantage.

Une dernière interprétation, que nous croyons devoir adopter, a été donnée par Cujas; elle s'appuie d'ailleurs sur les Basiliques. Il faut admettre que le jurisconsulte a voulu dire que s'il y a controverse sur l'hérédité du défunt entre l'héritier légitime et l'héritier testamentaire, le premier réclamant la succession contre l'autre *quasi testamento rupto vel irrito facto*, l'héritier institué sera tenu de la pétition d'hérédité, non-seulement pour les choses qui appartenaient au défunt, à quelque titre que ce soit, mais encore pour celles faisant partie de l'hérédité d'une autre personne, et qu'il possédait *pro emptore*.

Ce ne sont pas seulement les choses héréditaires que doit restituer le défendeur, mais encore tout ce qui provient de ces choses, toutes les augmentations qu'elles ont reçues depuis la mort du défunt ; car l'hérédité peut augmenter ou diminuer. Tout ce qui aurait pu être acquis au défunt est acquis à l'hérédité : *Hereditas defuncti personam sustinet*. Ainsi les fruits et les enfants des femmes esclaves, qui cependant ne sont pas regardés comme fruits, sont choses héréditaires, et doivent, par conséquent, être compris dans les restitutions à faire par le défendeur qui a succombé. Les fruits doivent être restitués, sans qu'il y ait à considérer si l'héritier, en supposant qu'il eût possédé la succession, les eût ou non perçus.

La restitution comprendra également toutes les acquisitions faites par les esclaves héréditaires, à moins qu'elles ne proviennent de la chose du possesseur.

Mais il n'y a pas que les choses provenant directement de la succession qui doivent être restituées ; des extensions, qui peuvent être considérables, ont été apportées à la règle générale que, dans la pétition d'hérédité, la condamnation doit comprendre la *omnis causa*. Les choses acquises nécessairement pour la succession, par exemple les esclaves, les troupeaux, etc., doivent être comprises dans la restitution à faire par le possesseur. Si ces objets ont été acquis des deniers héréditaires, il n'y a pas de doute qu'ils doivent entrer dans la pétition d'hérédité; mais, si les acquisitions ont été faites avec l'argent du possesseur, l'héritier pourra-t-il les réclamer? Si elles étaient de quelque utilité pour la succession, l'héritier pourra les reprendre; dans ce cas, il devra, bien entendu, tenir compte du prix au possesseur. Si les choses achetées avec l'argent de la succession l'ont été dans l'intérêt du possesseur, et non dans celui de l'hérédité, ce ne sont pas les choses qui devront être rendues, mais bien l'argent employé à leur achat. (L. 20 pr., § 1, D. *de hered. pet.*)

Les droits comme les objets héréditaires soumettent celui qui les possèdent à l'action en pétition d'hérédité; aussi devront-ils être également restitués à l'héritier véritable qui se représente. C'est à ce titre que toutes les actions que pouvait avoir le défunt entrent dans la pétition d'hérédité; peu importe leur origine, qu'elles soient nées d'un contrat ou d'un délit : *quasi ex contractu*, ou *quasi ex delicto*. Le possesseur devra donc restituer l'action *venditi*, qui lui aurait permis d'obtenir le prix de l'objet héréditaire vendu ; l'action *pigneratitia directa*, servant à réclamer le gage donné par le défunt; les actions *furti, legis Aquiliæ, vi bonorum raptorum* (nous ne mentionnons pas l'action d'injures, laquelle a un caractère de personnalité qui en empêche la transmission); les interdits exhibitoires et restitutoires, etc., etc. Ces actions, qui sont ainsi comprises dans la pétition d'hérédité, conservent le plus souvent leur nature, à moins que quelque circonstance particulière ne vienne y mettre obstacle. Par exemple, l'action de la loi Aquilia entraîne une condamnation au double *adversus inficiantem*; sera-t-elle comprise dans la pétition d'hérédité avec cette augmentation, ou bien le défendeur ne sera-t-il condamné qu'au simple? La condamnation au double n'a d'autre but que de punir la négation du délit dont on demande la réparation; or, dans le cas qui nous occupe, le défendeur, au lieu de nier ce délit, nie seulement la qualité d'héritier, qui seule permettrait à son adversaire d'exercer cette action; la punition n'a donc plus de base, et la condamnation ne saurait s'élever au double. C'est donc à tort que Cujas a voulu voir là une conséquence du principe que l'action en pétition d'hérédité est une action de bonne foi. (L. 20, § 4, D. *de hered. pet.*) Il n'y a point une semblable altération de la nature de l'action, lorsque c'est une action noxale qui est comprise dans la pétition d'hérédité. Si le possesseur a été condamné envers le défunt à raison d'un délit commis par son esclave, l'abandon noxal, n'étant que *in facultate solutionis*, ne peut être fait que jusqu'à ce qu'on intente l'action *judicati*. Cette action étant comprise dans la pétition d'hérédité, le possesseur sera obligé de payer le montant de la condamnation principale, et ne pourra plus se libérer en faisant l'abandon noxal. (L. 20, § 5, D. *de hered. pet.*)

Supposons maintenant qu'au moment où la pétition d'hérédité est intentée, le terme accordé au débiteur n'est point encore expiré, ou que la condition qui suspend l'existence de la dette ne s'est point encore accomplie, le juge devra-t-il absoudre purement et simplement le défendeur? Si l'on s'était servi de l'action spéciale à la dette, cette action n'ayant pas été régulièrement intentée, le juge n'aurait pu que prononcer cette absolution; mais il en est autrement lorsque c'est la pétition d'hérédité qui est intentée; comme alors la question posée au juge n'est pas de savoir si le demandeur est créancier, mais bien s'il est héritier, l'action se trouve intentée régulièrement. Mais, comme le débiteur ne peut être forcé de payer avant l'arrivée du terme ou l'accomplissement de la condition, il sera tenu de donner caution de payer à cette époque, afin qu'un nouveau procès ne soit pas nécessaire. (L. 16 pr., D. *de hered. pet.*)

Celui qui possède *pro herede* ou *pro possessore* une créance de la succession est tenu d'en céder l'exercice au demandeur, en le constituant *procurator in rem suam*. Mais, s'il est ainsi tenu de céder ce qu'il possède de l'hérédité, il n'est pas tenu de céder ce qui lui est dû pour le tort qui lui a été fait personnellement. Par exemple, le possesseur d'un bien héréditaire en a été expulsé par violence, et n'a pas encore recouvré la possession; dans ce cas, il a, pour recouvrer la possession qu'il a perdue, l'interdit *unde vi*, qui lui permettra également d'obtenir des dommages-intérêts pour le préjudice par lui éprouvé. Il sera bien tenu de céder à l'héritier véritable qui se représente cet interdit, mais seulement en tant qu'il a pour objet la reprise de la possession, c'est-à-dire purement et simplement, ce qu'en droit français on appellerait l'action en réintégrande. Quant au droit à des dommages-intérêts, il ne le cédera pas ; car ces dommages-intérêts, réparation de l'interruption apportée à sa jouissance, ne peuvent être dus qu'à celui qui a souffert la violence. De même, si le possesseur de la succession a actionné le détenteur, et que celui-ci, après avoir donné la caution *judicio sisti*, ne s'est pas présenté devant le juge, la peine qu'il aura encourue pour ce fait, étant la réparation d'un dommage causé personnellement au possesseur, ne devra pas être rendue au demandeur. (L. 24, D. *de hered. pet.*)

D'après les principes que nous avons posés, le possesseur d'un immeuble grevé d'une servitude réelle au profit d'un fonds héréditaire serait passible de la pétition d'hérédité, s'il s'opposait à l'exercice de la servitude en se prétendant lui-même héritier ; dans ce cas, la pétition d'hérédité aboutirait au même résultat que l'action confessoire. Le défendeur, pour échapper à la condamnation, devrait donner caution de ne mettre aucun obstacle à l'exercice de la servitude (L. 7, D. *si servit. vind.*) Cependant un texte de Paul, la loi 19, § 3, D. *de heredit. pet.*, paraît contraire à cette solution ; voici ce texte : « Servitutes in restitutionem hereditatis non venire ego didici : cum nihil eo nomine possit restitui, sicut est in corporibus et fructibus : sed si non patiatur ire et agere, propria actione convenietur. » Peut-être la contradiction entre les principes que nous avons posés et le texte de Paul n'est-elle qu'apparente ; la loi 19, § 3, en effet, paraît supposer l'hypothèse d'un possesseur de l'hérédité qui a succombé dans l'instance, et qui restitue l'hérédité à son adversaire ; parmi les fonds héréditaires, il s'en trouve un au profit duquel une servitude existe sur un des immeubles du possesseur. Le juge devra-t-il exiger autre chose que la restitution même de cet immeuble? Non, dit Paul, car on ne voit pas ce que l'on pourrait demander de plus. Le jurisconsulte n'exige pas ici la caution dont parle la loi 7, *si servitus vind.*, parce qu'on ne peut pas dire précisément qu'il y ait eu trouble ou obstacle à l'exercice de la servitude, le défendeur se trouvant en même temps possesseur et du fonds dominant et du fonds servant. Si plus tard le défendeur essaye de s'opposer à l'exercice de la servitude, alors on agira contre lui par l'action confessoire.

Disons enfin, pour terminer ce qui est relatif aux restitutions qui entrent dans l'action en pétition d'hérédité, que ce que le possesseur aura obtenu par l'intermédiaire d'un esclave héréditaire devra être rendu au demandeur. Ainsi un esclave est institué héritier ; il fait, par ordre du possesseur, adition d'hérédité, ou bien il reçoit un legs, ou encore il stipule d'un tiers ; ce qui est acquis ainsi l'est pour le compte de la succession, à moins toutefois que le testateur n'ait eu pour but d'avantager indirectement le possesseur, auquel cas le profit de l'institution d'héritier ou du legs, lui étant personnel, devrait lui demeurer acquis.

Dans les différents cas que nous venons de citer,

nous avons supposé que le possesseur n'était pas héritier, et, par conséquent, n'était pas propriétaire des esclaves héréditaires. Il est donc tout naturel qu'il n'ait pas pu acquérir par le moyen de ces esclaves, puisque ceux-ci n'acquièrent que pour leur maître, qui est le véritable héritier. Mais il peut se faire aussi que les choses aient été véritablement acquises au possesseur par l'intermédiaire des esclaves de l'hérédité. Il en sera ainsi lorsque le patron demande l'hérédité de son affranchi à un héritier institué, contre lequel il réclame la possession de biens que le préteur accordait en pareille circonstance ; de même, en cas de plainte d'inofficiosité. Dans ces deux cas, en effet, l'héritier institué contre lequel la pétition d'hérédité est intentée est, tant que le testament reçoit son effet, non pas simplement héritier apparent, mais bien héritier réel, et, par conséquent, véritable maître des esclaves héréditaires ; il a donc pu acquérir pour lui-même par ces esclaves tant que la sentence n'était pas rendue.

L'obligation de restituer s'étend à toutes les choses que le défendeur possède au moment de la sentence, et non pas seulement à celles qu'il possédait au moment de la *litis contestatio*. De même, si, au moment où le procès a commencé, le défendeur ne possédait aucun objet ni aucun droit de la succession, mais que, dans l'intervalle qui s'écoule entre la *litis contestatio* et la condamnation, il ait acquis la possession de choses héréditaires, il devra encore être condamné à restituer ces choses. Cette décision, donnée dans la loi 18, § 1, D. *de hereditatis petitione*, et qui est en parfaite harmonie avec la loi 4 du même titre, la loi 27, § 1, D. *de rei vindicatione*, et la loi 7, § 4, D. *ad exhibendum*, paraît au contraire en contradiction avec la loi 23, D. *de judiciis ;* mais cette contradiction n'est qu'apparente. Dans la pétition d'hérédité, comme dans la revendication, il y a pour le juge deux questions à examiner : 1° le demandeur est-il héritier? 2° le défendeur est-il possesseur soit d'une chose, soit d'un droit héréditaire? Le droit de succession dans la personne du demandeur, voilà la condition principale de l'action ; mais le fait de la possession dans la personne du défendeur est une condition indispensable pour que la condamnation s'ensuive. A quelle époque l'existence de ces deux conditions estelle exigée?

Pour la première condition, il faut que le droit d'hérédité existe dans la personne du demandeur au moment de la *litis contestatio ;* autrement le demandeur se trouverait avoir déduit *in judicium* un droit qu'il n'avait pas. Si ce droit, qui n'existait pas au moment de la *litis contestatio*, prend naissance en sa faveur pendant l'instance, le juge n'a point à s'en occuper. En tenir compte au demandeur ne serait pas rationnel; ce serait lui procurer un avantage qu'il n'aurait pas eu si le jugement eût été rendu au moment de la *litis contestatio*. Cette décision n'a, du reste, rien d'injuste à son égard ; il pourra renouveler son action sans craindre l'exception *rei judicatæ ;* on lui refuse seulement un avantage auquel il n'a aucun droit. C'est ainsi qu'il faut entendre la loi 23, D. *de judiciis* : « Non potest videri in judicium venisse id quod post judicium acceptum accidisset : ideoque alia interpellatione opus est. » Ce qui veut dire : les droits survenus depuis l'instance engagée ne peuvent être considérés comme compris dans cette instance, comme soumis au juge ; il faudra une nouvelle action pour les faire valoir. Cette règle, ainsi posée d'une manière générale, est appliquée d'une façon spéciale par Javolenus dans la loi 35, D. *de judiciis* : « Non quemadmodum fidejussoris obligatio in pendenti potest esse, et vel in futurum concipi, ita judicium in pendenti potest esse, vel de his rebus quæ postea in obligationem adventuræ sunt ; nam neminem puto dubitaturum quin fidejussor ante obligationem rei accipi posset : judicium vero antequam aliquid debeatur, non posse. » Il ne s'agit, dans ces deux lois, que du droit nouvellement survenu au demandeur, droit que celui-ci ne peut être réputé avoir soumis au juge, puisqu'il ne l'avait pas lors de la *litis contestatio*.

Quant à la seconde condition, le fait de la possession dans la personne du défendeur, il n'est pas nécessaire qu'elle existe au moment de la *litis contestatio*, ainsi qu'on l'exige pour le droit du demandeur ; il suffit qu'elle existe au moment de la sentence. Cette décision, donnée par les jurisconsultes Paul, Ulpien et Gaïus, est parfaitement rationnelle. Ce n'est point pour se faire attribuer la propriété de tel ou tel objet que le demandeur a engagé son action ; la question est celle-ci : l'hérédité de Titius m'appartient-elle ? Du moment où il est jugé qu'elle m'appartient, vous devez me restituer tout ce qu'il est en votre pouvoir de me rendre. On ne peut opposer à cette décision les lois 23 et 35, D. *de judiciis*, que nous avons citées plus haut. Ces lois, comme nous l'avons vu, ne s'appliquent qu'au droit du demandeur, et la raison de distinguer entre les deux hypothèses est bien sensible. En effet, lorsque le droit du demandeur vient à se produire dans le cours de l'instance, si le juge en tenait compte lors de la sentence, il ne laisserait pas au défendeur le temps nécessaire pour combattre ce nouveau droit qui surgit tout à coup. D'ailleurs, si le défendeur eût connu ce droit nouveau, peut-être n'eût-il pas résisté, et eût-il ainsi évité les frais du procès. Lors, au contraire, qu'il s'agit de la possession du défendeur, l'existence ou la non-existence de ce fait au moment de la *litis contestatio* n'influe en rien sur la question de droit. Le défendeur a commencé à nier le droit d'hérédité du demandeur, alors qu'il savait sur quoi il était basé; il a eu tout le temps nécessaire pour combattre les prétentions de son adversaire. Le rapport de fait qui n'existait pas entre le demandeur et le défendeur lors de la *litis contestatio*, mais qui se trouve exister au moment du jugement, n'empêche pas de donner au procès actuel une solution satisfaisante; le renvoi à une nouvelle instance ne ferait que tirer inutilement l'affaire en longueur. Remarquons, enfin, que, dans la rédaction de la formule, l'*intentio* ne disant rien du rapport de fait existant entre les deux parties, l'absence de ce rapport au moment de la *litis contestatio* n'empêche pas l'action d'être fondée et d'amener une condamnation. D'un autre côté, l'espèce de droit auquel prétend le demandeur est spécifiée dès le même moment dans l'*intentio* : c'est le droit de succession; tandis que le montant de la *condemnatio* reste indéterminé, et ne se trouve fixé que par le juge et au moment de la sentence : rien ne s'oppose donc à ce que le procès aboutisse à la condamnation du défendeur.

Il existe, au point de vue de la restitution des choses héréditaires, des différences importantes entre le possesseur de bonne foi et le possesseur de mauvaise foi. Nous devons les signaler.

Première différence. — Le possesseur de bonne foi ne peut être tenu de restituer que les objets qu'il possède, et non ceux qu'il a négligé de posséder ou dont il a perdu la possession, soit en les aliénant, soit autrement, car il peut licitement disposer de ce qu'il croit lui appartenir. Toutefois, s'il en a tiré quelque profit, il sera soumis à des prestations personnelles, dont nous parlerons plus tard. (L. 41 pr., *in fine*, D. *de hered. pet.*)

Le possesseur de mauvaise foi, au contraire, est tenu de restituer les choses que, par son dol ou par sa faute, il a cessé ou négligé de posséder, absolument comme s'il les possédait encore. C'est ce que dit le sénatus-consulte Juventien : « Eos qui bona invasissent quæ scirent ad se non pertinere, etiamsi ante litem contestatam fecerint quominus possiderent, perinde condemnandos quasi possiderent. » Ainsi il a aliéné des effets de la succession, ou bien il a refusé de recevoir une chose prêtée, que le commodataire s'offrait à lui rendre. S'il ne restitue pas, il sera condamné à payer une somme fixée par le serment de son adversaire : il sera également responsable des créances héréditaires qu'il a laissé perdre.

Le principe que le possesseur de mauvaise foi qui a perdu la possession doit être condamné comme s'il possédait, doit être entendu en ce sens que, s'il y a un autre possesseur, on pourra agir à la fois contre les deux, et que si la possession a passé par les mains de plusieurs personnes de mauvaise foi, toutes pourront être actionnées.

Cette différence entre le possesseur de bonne foi et le possesseur de mauvaise foi est confirmée par Ulpien dans la loi 18, D. *de hered. pet.* Si le possesseur de la succession avait chargé un banquier de vendre un objet de la succession, et que le prix en fût perdu par suite de l'insolvabilité de ce banquier, ce possesseur sera-t-il tenu de ce prix qu'il n'a pas et qu'il ne peut obtenir? Deux opinions s'étaient produites : Labéon disait que le possesseur devait être tenu, parce que c'était à ses risques et périls qu'il s'était fié à l'*argentarius*; mais Octavenus pensait que le possesseur ne devait être tenu que de céder les actions qu'il pouvait avoir contre l'*argentarius*. Ulpien adopte les deux opinions, mais en faisant une distinction : celle de Labéon doit être suivie pour le possesseur de mauvaise foi, tandis que celle d'Octavenus doit l'être pour le possesseur de bonne foi.

Il suit de là que si le possesseur de la succession était un pupille ou un fou, ces personnes, ne pouvant être de mauvaise foi, ne doivent être tenues que de céder les actions qu'elles ont contre leur tuteur ou curateur, à l'occasion des choses de la succession qui ont été dissipées par ceux-ci. (L. 61, D. *de administ. et peric. tutorum.*)

Deuxième différence. — Le possesseur de bonne foi qui a aliéné des objets héréditaires ne doit que le prix qu'il en a retiré. Si, au contraire, l'aliénation émane d'un possesseur de mauvaise foi, le véritable héritier peut poursuivre ce *prædo* pour le faire condamner comme s'il possédait encore.

Le principe que le possesseur de mauvaise foi est tenu de l'obligation de restituer les choses que par dol ou par faute il a cessé de posséder, a été introduit dans le but de favoriser l'héritier; on ne doit donc pas le retourner contre lui. Aussi, l'héritier peut-il y renoncer quand il a intérêt à n'en pas demander l'application, par exemple lorsqu'il trouve plus d'avantage à se faire rendre compte par le possesseur de mauvaise foi du prix de la vente qu'il a faite d'une chose de l'hérédité qu'à le faire regarder comme s'il ne l'avait pas vendue. En effet, le *prædo* ne doit pas avoir une position plus favorable que celle qui est faite au possesseur de bonne foi. L'héritier peut avoir un grand intérêt à recevoir plutôt le prix avec les intérêts que la chose avec les fruits, si, par exemple, la chose était improductive et plutôt à charge qu'à profit pour la succession, ou bien si la chose vendue a péri par cas fortuit. Dans ce cas, si on s'en tenait aux termes du sénatus-consulte, le possesseur de bonne foi serait traité plus rigoureusement que le possesseur de mauvaise foi, puisque le premier devrait toujours rendre le prix, et que le dernier ne devrait rien ; mais il n'en doit pas être ainsi, car la disposition du sénatus-consulte a été édictée pour que le possesseur de mauvaise foi fût dans une situation pire que le possesseur de bonne foi ; elle ne doit donc pas être interprétée en sa faveur. (L. 20, § 12; l. 36, § 3, D. *de hered. pet.*)

Le possesseur de mauvaise foi n'est pas non plus tenu de restituer les objets eux-mêmes, mais seulement leur prix, lorsqu'il a aliéné dans l'intérêt de l'hérédité ; dans ce cas, on ne peut dire qu'il ait cessé de posséder par dol.

Troisième différence. — Quoique la *litis contestatio* semble devoir placer le possesseur de bonne foi sur la même ligne que le possesseur de mauvaise foi, il existe cependant entre eux une différence relative à la responsabilité des cas fortuits.

Le possesseur de bonne foi ne doit être soumis à aucune responsabilité, s'il établit que les choses héréditaires qu'il ne peut représenter ont été détruites par cas fortuit. On ne saurait, en effet, lui faire un crime de sa résistance : ce serait le placer dans l'alternative ou d'abandonner sans défense ce qu'il regarde comme son droit, ou de s'exposer à répondre des cas fortuits qui peuvent détruire ou détériorer les choses de l'hérédité pendant le temps qui sépare la *litis contestatio* du jugement. (L. 40, D. *de hered. pet.*) Averti par la demande formée contre lui que l'hérédité peut être déclarée appartenir à son adversaire, le possesseur de bonne foi doit veiller sur toutes les choses qui en dépendent comme sur le bien d'autrui : toute perte qui lui est imputable l'oblige à indemniser l'héritier des dommages qu'il lui cause ; mais il n'est soumis à aucune responsabilité lorsqu'il établit que les choses héréditaires qu'il ne peut représenter ont été détruites par cas fortuit.

Au contraire, le possesseur de mauvaise foi est, en principe, responsable de toutes pertes ou détériorations survenues aux biens héréditaires depuis la *litis contestatio*. Il a été mis en demeure ; sa résistance est injuste, et il le savait. Il n'a donc aucun motif de se plaindre de la rigueur dont on use à son égard. Il ne sera même pas toujours libéré en prouvant que les pertes ou détériorations seraient également arrivées par cas fortuit chez le demandeur ; celui-ci peut, en effet, établir que, si les choses lui eussent été remises en temps opportun, il les aurait probablement vendues et profiterait du prix. Mais, dans ce cas, ce ne sera pas l'estimation donnée à la chose par le *jusjurandum in litem* du demandeur que devra restituer le possesseur de mauvaise foi, comme lorsqu'il s'agit de choses dont il a perdu la possession par dol ; il ne devra restituer que le véritable prix des choses qui ont péri par cas fortuit ; car, si l'héritier avait eu ces choses et les avait vendues, ce serait ce prix qu'il aurait obtenu. (L. 20, § 21, D. *de hered. pet.*)

SECTION II.

DES PRESTATIONS PERSONNELLES DUES PAR LE POSSESSEUR A L'HÉRITIER.

Tout n'est pas accompli dans un procès en pétition d'hérédité, lorsque le défendeur a restitué à son adversaire les choses dépendant de l'hérédité qu'il a en sa possession ; le fait même de la possession des biens héréditaires pendant un certain temps engendre nécessairement une série d'actes qui peuvent constituer soit un profit pour le possesseur, soit une perte pour l'hérédité. De là naissent des obligations plus ou moins étendues, selon que le possesseur est de bonne ou de mauvaise foi : les jurisconsultes romains les qualifient de prestations personnelles. « Ces prestations personnelles, dit Pothier, consistent dans le compte que le possesseur a à rendre de ce qu'il a reçu des débiteurs de la succession, du prix de la vente des effets de la succession, des fruits qu'il a perçus, et, lorsque le possesseur est de mauvaise foi, même de ceux qu'il a pu percevoir, et généralement de tous les profits qu'il a retirés des biens de la succession ; comme aussi, lorsque le possesseur est de mauvaise foi, il doit rendre compte des dégradations et des détériorations qui ont été faites, par son fait ou sa faute, dans les biens de la succession. »

Une règle générale, et qui ne souffre pas d'exception, est que le possesseur de bonne ou de mauvaise foi ne peut retenir aucun profit, quel qu'il soit, qu'il ait retiré des biens de la succession.

Le possesseur de bonne ou de mauvaise foi ne pourrait se dispenser de faire la restitution des profits qui lui proviennent des choses héréditaires, quand même il prouverait avec évidence que ces profits sont dus à sa vigilance et à son industrie, ou que l'héritier ne les eût certainement pas faits. Ainsi, s'il a vendu des biens de la succession qui ont péri par cas fortuit quelque temps après la vente, lors même qu'il serait certain que l'héritier, s'il les eût eus en sa possession, ne les eût point aliénés, il doit cependant tenir compte à cet héritier du profit qu'il en a tiré. Peu importe la cause des profits; ils doivent toujours être restitués, et leur origine illicite ou déshonnête ne dispense pas le possesseur de l'obligation d'en rendre compte à l'héritier.

Le possesseur doit rendre les sommes qu'il a reçues des débiteurs de la succession, et la restitution qu'il en fait à l'héritier libère ces débiteurs *ipso jure*. (L. 31, § 5, D. *de hered. pet.*) Cette restitution devra comprendre non-seulement ce qui était dû, mais encore ce que le débiteur a dû payer en surplus pour avoir contesté la dette. Par exemple, si, ayant exercé l'action de la loi Aquilia, il a obtenu le double par suite de la négation du débiteur, ce sera ce double qu'il devra rendre, parce qu'il ne doit faire aucun bénéfice sur ce qu'il a reçu à raison de la succession. (L. 55, D. *de hered. pet.*) Il n'y a pas contradiction entre ce que nous disons pour l'action de la loi Aquilia et ce que nous avons dit plus haut pour l'interdit *unde vi*. Dans ce dernier cas, la peine n'est qu'une réparation du trouble causé au possesseur; elle est personnelle; tandis que, dans l'action de la loi Aquilia, la peine, quelle qu'elle soit, est une réparation du dommage causé à une chose de la succession, et cette réparation doit appartenir à l'héritier.

La rigueur avec laquelle on applique la règle que le possesseur ne doit retenir aucun des profits qu'il a pu retirer des objets héréditaires apparaît clairement dans la décision suivante. Le possesseur de bonne foi a vendu une chose de la succession à un prix très-avantageux, puis il l'a rachetée à un prix très-inférieur; pourra-t-il se libérer envers l'héritier en lui rendant la chose *in specie*, ou bien devra-t-il lui rendre, en outre, le profit résultant de la différence entre les prix de vente et de rachat? Paul décide qu'il devra rendre et la chose et la différence des prix, et, pour donner cette solution, il s'appuie sur un passage du discours de l'empereur Adrien au sénat, qui est ainsi conçu : « Dispicite, Patres conscripti, numquid sit æquius, possessorem non facere lucrum, et pretium, quod ex aliena re perceperit, reddere, quia potest existimari, in locum hereditariæ rei venditæ, pretium ejus successisse, et quodammodo ipsum hereditarium factum. » (L. 32, D. *de hered. pet.*)

Si le possesseur avait reçu, outre le prix de la chose, une somme stipulée en cas de non-payement au terme fixé, il sera tenu de restituer cette somme. De même, s'il a vendu avec pacte commissoire, il sera tenu de rendre le profit qu'il aura retiré de cette convention. (L. 25 pr., D. *de hered. pet.*)

Si le possesseur, en vendant un objet héréditaire, s'est obligé à garantir l'acquéreur de l'éviction, l'héritier à qui il rend le prix de la vente devra lui donner caution de le défendre contre la demande en indemnité à laquelle il pourrait être soumis. (L. 20, § 20, D. *de hered. pet.*)

On ne tient pas compte de la bonne ou de la mauvaise foi du possesseur, en matière de prestations personnelles, lorsqu'il s'agit simplement de ne retenir aucun profit provenant des choses héréditaires; mais cette distinction a une très-grande importance lorsque l'hérédité est en perte par le fait du possesseur. Celui qui, sciemment, possède les biens d'une hérédité qui ne lui appartient pas, contracte l'obligation de les rendre et, par suite, de les conserver en bon état. Toute perte arrivée par sa faute l'oblige à indemniser l'héritier. Au contraire, celui qui jouit de bonne foi des biens d'une hérédité qu'il croit lui appartenir ne contracte pas d'obligation de cette nature; il n'est tenu que comme détenteur; du moment où il ne possède plus rien de l'hérédité, on ne peut l'actionner. De là résultent les différences suivantes entre les possesseurs de bonne foi et ceux de mauvaise foi, relativement aux prestations personnelles auxquelles ils sont tous deux assujettis.

Première différence. — Le possesseur de bonne foi n'est tenu de rendre les gains qu'il a retirés de la succession que jusqu'à concurrence de ce dont il s'est enrichi;

c'est ce que dit formellement le sénatus-consulte Juventien : « Qui justas causas habuissent, quare bona ad se pertinere existimassent, usque eo duntaxat, quo locupletiores ex ea re facti essent. » En effet, le possesseur de bonne foi, se croyant héritier, n'a aucune faute à se reprocher ; il a disposé de choses dont il se croyait le maître.

Le possesseur de mauvaise foi, au contraire, est tenu, sans restriction, de rendre tous les profits qu'il a retirés de la succession, alors même qu'il les aurait ensuite dissipés ; il savait que la succession ne lui appartenait pas, et qu'un jour ou l'autre il lui faudrait la rendre au véritable héritier.

Si le possesseur de bonne foi a vendu des objets de la succession, et qu'ensuite il ait dissipé une partie du prix, devra-t-il rendre tout le prix, ou seulement ce dont il s'est enrichi ? Quoique le mot *pervenisse*, dont se sert le sénatus-consulte, soit équivoque, on doit décider que le possesseur de bonne foi ne doit tenir compte que de ce dont il s'est enrichi. (L. 23 pr., D. *de hered. pet.*)

Le principe que le possesseur de bonne foi ne doit être tenu que jusqu'à concurrence de ce dont il s'est enrichi ne doit pas être étendu outre mesure. Ainsi une personne qui se croyait héritière pour le tout, mais qui, en réalité, n'avait droit qu'à la moitié de la succession, a dissipé, sans qu'il en soit résulté pour elle aucun profit, la moitié de cette hérédité. Faut-il dire qu'elle ne doit rien restituer, comme ayant dissipé la part de son cohéritier ? Si cette personne n'avait eu aucun droit à la succession, elle n'aurait rien eu à restituer, puisque, étant de bonne foi, elle ne s'était pas enrichie. Devra-t-on dire qu'elle doit restituer tout ce qui reste, en la considérant comme ayant dissipé sa propre part? Ulpien adopte un troisième système, et décide que ce possesseur devra restituer seulement la moitié de ce qui reste, la perte devant être imputée sur les deux parts de la succession. (L. 25, § 15, D. *de hered. pet.*)

Le possesseur de bonne foi qui a placé l'argent qu'il a reçu n'est tenu de rendre au demandeur que les titres à ses risques et périls. (L. 30, D. *de hered. pet.*)

Si ce possesseur a vendu des objets de la succession et en a touché le prix, c'est ce prix qu'il devra rendre, alors même qu'il serait inférieur à la valeur de la chose vendue. Que s'il n'a point gardé ce prix, mais a acheté un nouvel objet avec cet argent, ce nouvel objet ne devra point être restitué; jamais il n'a fait partie de la succession; s'il est de moindre valeur que la somme qu'il a coûté, ce sera cette valeur seule que l'héritier pourra obtenir, car le possesseur n'est censé s'être enrichi que de la valeur réelle de la chose; de même que, s'il avait consommé tout le prix de vente, il ne serait en rien plus riche, et ne devrait par conséquent rien restituer. (L. 25, § 1, D. *de hered. pet.*)

Il faut observer que le possesseur de bonne foi est réputé s'être enrichi par cela seul qu'en consommant les biens de la succession, il a épargné son propre patrimoine. Si, en vue de la succession qu'il a cru lui appartenir, il a augmenté ses dépenses en vivant plus largement, mais en ayant soin, toutefois, de ne prendre ses dépenses que sur les biens de l'hérédité, il est alors devenu plus riche de tout ce qu'il avait coutume d'affecter à ses dépenses journalières. Aussi Ulpien décide-t-il que l'hérédité ne devra supporter que l'augmentation de dépenses, laissant à la charge du possesseur ses dépenses ordinaires, et qu'il aurait faites quand bien même il n'eût pas été en possession de la succession. (L. 25, § 16, D. *de hered. pet.*)

Le possesseur de bonne foi, sans avoir tiré un profit appréciable en argent des biens de l'hérédité, peut cependant en avoir retiré quelque avantage. Ainsi, s'il a donné quelques-uns de ces biens, on pourrait croire qu'il sera tenu envers l'héritier, puisque les donataires sont naturellement obligés envers lui. Cependant Ulpien décide qu'il ne sera tenu que s'il a reçu quelque chose en retour, car alors il a retiré un profit de la succession; mais la simple éventualité d'une rémunération ne suffit pas. (L. 25, § 11, D. *de hered. pet.*)

Le possesseur de mauvaise foi devrait restituer, comme nous l'avons vu, les objets qu'il a donnés.

Ainsi, en règle générale, le possesseur de bonne foi n'est tenu que jusqu'à concurrence de ce dont il se trouve plus riche par le fait de la possession des biens de la succession. Reste à préciser l'époque à laquelle il faut se reporter pour savoir si le possesseur est devenu plus riche.

Si nous ne consultons que les textes relatifs à la

pétition d'hérédité, nous trouvons deux opinions : l'une d'Ulpien, qui décide qu'on doit s'attacher au moment de la *litis contestatio*, et qu'à partir de ce moment, tous les possesseurs sont de mauvaise foi (l. 25, § 7 ; l. 20, § 11, D. *de hered. pet.*) ; l'autre de Paul, qui décide que c'est au moment de la sentence qu'on doit rechercher si le possesseur de bonne foi s'est enrichi. Cependant, sur une question qui présente avec la nôtre beaucoup d'analogie, nous voyons ce dernier jurisconsulte professer une doctrine diamétralement opposée. On sait que l'action *quod metus causa* ne se donne contre l'héritier du délinquant que *quatenus locupletior factus est*. Il s'agit donc de savoir à quelle époque devra exister l'enrichissement. Nous trouvons sur ce point trois opinions au Digeste. (L. 17, 18, 20, D. *quod metus causa*.) D'après Paul, dont l'opinion se trouve reproduite et généralisée dans la loi 127, D. *de reg. juris*, il suffit que l'enrichissement ait existé à une époque quelconque ; bien plus, l'action dont le premier héritier se trouve ainsi tenu passera contre ses propres héritiers, encore bien qu'ils n'aient retiré aucun profit du délit, parce que l'action, une fois dégagée de tout caractère pénal, doit être perpétuelle. Ulpien, de son côté, enseigne que l'enrichissement de l'héritier doit exister au moment de la *litis contestatio*. Enfin Julien adopte une opinion mixte. D'après lui, l'héritier ne sera plus tenu, si ce qui constituait son profit a péri ; mais, du moment qu'au lieu de conserver les corps certains qui lui étaient parvenus, il les a transformés en argent, il sera tenu de la somme *in perpetuum*, car les genres ne périssent pas. La même controverse semble avoir existé pour le cas de pétition d'hérédité ; cependant elle n'a pas laissé autant de traces dans les textes du Digeste ; l'opinion de Julien ne s'y trouve plus reproduite. Paul paraît abandonner sa première opinion, et, ainsi que nous l'avons dit, il enseigne que le profit doit subsister encore au moment de la sentence. Cependant la loi 127, D. *de regulis juris*, où nous l'avons vu professer une doctrine contraire, est tirée de la partie de son ouvrage qui traitait de la pétition d'hérédité. Il faut croire que, sans doute, il établissait là un parallèle entre la pétition d'hérédité et l'action *quod metus causa*, pour en faire ressortir toutes les différences. L'action *quod metus causa* et les autres actions semblables, dont parle Paul dans la loi 127, *de regulis juris*, sont, en effet, des actions personnelles ; on conçoit donc très-bien l'opinion de Paul, d'après laquelle la condition nécessaire pour qu'elles puissent être données contre l'héritier s'étant une fois réalisée, l'exercice de ces actions doit rester possible, quels que soient les événements postérieurs. La pétition d'hérédité est, au contraire, une action réelle, et par conséquent ne peut être donnée contre le possesseur de bonne foi que pour ce qu'il possède lors de la *litis contestatio*. Or le profit qu'il a pu tirer des objets héréditaires à une certaine époque, et qu'il a dissipé depuis, le possesseur de bonne foi ne le possède plus ; il ne saurait donc être tenu de ce chef. Toutefois, si Paul a pu, sans se contredire, émettre dans la loi 36, § 4, D. *de hered. pet.*, une opinion en apparence contraire au système par lui professé dans la loi 127, D. *de reg. juris*, nous pensons cependant qu'il est allé trop loin en exigeant que l'enrichissement existe encore au moment de la sentence, dans la pétition d'hérédité. Il est vrai que, même après la *litis contestatio*, le possesseur de bonne foi n'est pas tenu des cas fortuits, et c'est peut-être ce qui a pu motiver la solution donnée dans la loi 36, § 4 ; mais cette solution serait fausse pour toutes les autres hypothèses, car, à partir de la *litis contestatio*, le possesseur de bonne foi répond de sa négligence.

Dans les textes d'Ulpien que nous venons de citer (l. 20, § 11 ; l. 25, § 7), la *mala fides* est représentée comme une conséquence directe et nécessaire du simple litige, sans qu'il faille se reporter au moment de la *litis contestatio*. Cette règle spéciale de la pétition d'hérédité résulte clairement des expressions mêmes du sénatus-consulte Juventien que cite Ulpien.

« Cette déviation à tant d'autres prescriptions du
» droit romain, dit M. de Savigny, s'explique
» par deux circonstances tout à fait indépendantes
» l'une de l'autre.

» La première est la position spéciale du *prædo* :
» pour lui, la *mala fides* devait évidemment être ad-
» mise du moment où la demande lui est connue.

» La seconde circonstance est que le sénatus-con-
» sulte traite uniquement des actions du fisc relatives
» aux successions vacantes. Or, pour ces actions, on
» ne suivait pas la procédure ordinaire, la seule où

» il peut y avoir une véritable *litis contestatio ;* elles
» étaient portées *extra ordinem* devant les employés
» du fisc, et dès lors il s'agissait de remplacer la
» *litis contestatio.*

» La même nécessité existait dans toute procédure
» extraordinaire. Mais, dans le cas qui nous occupe,
» le sénatus-consulte lui-même donne comme équi-
» valent de la *litis contestatio* l'époque où intervient
» soit une *denunciatio*, soit une *evocatio litteris vel*
» *edicto ;* c'était là une prescription toute positive,
» qui ne ressort nullement de la nature géné-
» rale des actions extraordinaires, et porte l'em-
» preinte de la fiscalité. »

Deuxième différence. — Dans la revendication, le possesseur de mauvaise foi rend indistinctement les fruits perçus avant ou après la *litis contestatio*, qu'il les ait ou non consommés. Le possesseur de bonne foi rend tous ceux qu'il a perçus après la *litis contestatio ;* quant à ceux qu'il a perçus avant, il ne les rend que s'ils existent encore entre ses mains. Tel est, du moins, le dernier état du droit romain (Inst. I. 12, 25 ; l. 22, C. *de rei vind.*) ; mais nous pensons qu'à l'époque de la jurisprudence classique, il en était autrement, et que le possesseur de bonne foi faisait siens tous les fruits perçus avant la *litis contestatio*, qu'ils fussent ou non consommés. Quoi qu'il en soit, la restitution des fruits dans la pétition d'hérédité était réglée par d'autres principes tenant à la nature particulière de cette action. L'hérédité s'augmente, en effet, de ce qu'elle produit, car *fructus augent hereditatem*, et dès lors les fruits perçus avant la *litis contestatio* doivent être considérés non comme des accessoires de l'objet principal de la restitution, mais comme une partie de cet objet. Les fruits perçus avant la *litis contestatio* devront donc être restitués intégralement, comme la chose qui les a produits, et au même titre; en second lieu, les intérêts de ces fruits peuvent être dus, contrairement à la règle : *Fructus fructuum, usuræ usurarum non debentur*. (L. 15, D. *de usuris*.) C'est ce qu'enseigne formellement Papinien dans un texte de notre titre (l. 51, § 1, D. *de hered. pet.*), et ce texte se concilie parfaitement avec la règle générale, puisque ce n'est pas à titre de fruits, mais à titre d'objets héréditaires, que les fruits sont compris dans la restitution.

Ces principes toutefois se trouvent gravement modifiés dans leur application au possesseur de bonne foi, par suite de la règle d'après laquelle ce possesseur n'est tenu que *quatenus locupletior factus est*. Il ne devra aucun compte des fruits qu'il aura consommés avant la *litis contestatio*.

Après la *litis contestatio*, la restitution des fruits se règle d'après les principes ordinaires. Depuis cette époque, les fruits perçus ne sont plus considérés que comme des accessoires de la chose principale, et il en doit être fait une restitution intégrale, quelle que soit la qualité du possesseur.

Jusqu'ici nous n'avons parlé que des fruits qui ont été réellement perçus par le possesseur ; nous devons maintenant examiner quelle sera sa responsabilité relativement à ceux qu'il a négligé de percevoir, *fructus percipiendi.*

En ce qui concerne les fruits qui auraient pu être perçus avant la *litis contestatio*, le possesseur même de mauvaise foi n'était point tenu, dans l'ancien droit, d'en restituer la valeur, parce que rien ne l'obligeait, à cette époque, envers le véritable héritier, à être soigneux et diligent. Mais, à partir du sénatus-consulte Juventien, il en fut autrement ; ce sénatus-consulte ordonna le premier qu'en matière de pétition d'hérédité, le possesseur de mauvaise foi serait, dès l'origine de sa possession, considéré comme lié par un rapport obligatoire, évidemment de la nature des délits. C'est ce qu'on appela le *dolus præteritus*, et on en déduisit, entre autres conséquences, l'obligation de répondre des fruits négligés avant la *litis contestatio*. (L. 25, §§ 4, 9, D. *de hered. pet.*) Dans le droit des Pandectes, le possesseur de mauvaise foi qui avait négligé de percevoir les fruits était tenu d'en payer la valeur au double. (Paul, Sent., 13, § 3, *si hereditas, vel quid alind petatur.*) Cette peine était encourue par le possesseur de mauvaise foi dans toutes les actions réelles. (L. 1, C. Theod. *de fruct. et expens.*) Le possesseur de bonne foi, au contraire, n'est aucunement responsable des fruits qu'il a négligé de percevoir avant la *litis contestatio*.

Quant aux fruits qui auraient pu être recueillis après la *litis contestatio*, le possesseur de bonne foi en est tenu aussi bien que le possesseur de mauvaise foi. Nous avons vu qu'à partir de cette époque, les différences entre eux, s'effaçaient presque complétement, et que le possesseur de bonne foi devait se considérer comme l'administrateur plutôt que comme le propriétaire de la succession.

Que doit-on entendre par ces *fructus percipiendi*, ces fruits que le défendeur a négligé de percevoir? S'agit-il des fruits que le demandeur aurait pu recueillir, s'il avait lui-même possédé? S'agit-il, au contraire, de ceux que le défendeur pouvait lui-même percevoir?

On peut citer comme se prêtant à la première interprétation : l. 62, § 1, D. *de rei vind.*; l. 39, § 1, D. *de legatis* 1°; l. 4, C. *unde vi*. La seconde opinion peut, au contraire, invoquer : l. 25, § 4, D. *de her. pet.*; l. 2, C. *de fruct.*; l. 5, C. *de rei vind.*; l. 1, § 1, C. *de pet. hered.*; l. 3, C. *de pign. act.*; l. 2, C. *de partu pign.* Il résulte de ces derniers textes que les jurisconsultes romains ne se sont point préoccupés de la distinction entre les fruits qu'aurait pu percevoir le demandeur et ceux qu'aurait pu percevoir le défendeur. Les textes cités, si on les examine avec attention, n'opposent jamais les fruits qui *auraient pu être perçus* par le demandeur à ceux qui *auraient pu l'être* par le défendeur, mais bien à ceux que le défendeur *a effectivement perçus*. Le juge devra donc simplement examiner ce qu'aurait dû faire un administrateur soigneux et diligent : *quos unusquisque diligens pater-familias et honestus colligere potuisset*, dit Paul, Sent., lib. I, tit. 13 B, § 9. Cependant, si le demandeur, par suite de circonstances exceptionnelles, s'était trouvé dans une position telle qu'il eût pu retirer de la chose un revenu plus fort qu'un administrateur ordinaire n'eût pu le faire, même en le supposant soigneux et diligent, n'est-il pas juste que le défendeur qui l'a privé de ce bénéfice en retenant la possession, l'en indemnise ? Ce cas nous paraît rentrer sous l'application des règles de la demeure. Le possesseur qui est en demeure devra indemniser le demandeur du tort qu'il lui a causé en retenant la possession, puisqu'il est en faute ; mais celui qui n'est point en demeure ne devra aucune indemnité particulière dans l'hypothèse que nous venons de prévoir.

Troisième différence. -- Occupons-nous maintenant des intérêts des sommes héréditaires.

Avant la *litis contestatio* se présente naturellement la distinction du possesseur de bonne foi et du possesseur de mauvaise foi. Pour le premier, si l'on s'en tenait strictement à la lettre du sénatus-consulte, il ne serait jamais tenu des intérêts des sommes par lui touchées pour le compte de l'hérédité :... *redactæ ex pretio rerum venditarum pecuniæ usuras non esse exigendas.* (L. 20, § 6, D. *de hered. pet.*) Cependant, s'il a retiré quelque profit de ces sommes, il en devra compte dans la limite de son enrichissement. (L. 1, § 1, C. *de pet. hered.*)

Quant au possesseur de mauvaise foi, s'il a employé à ses propres affaires les sommes appartenant à la succession, il doit restituer le principal et les intérêts ; il est pareillement comptable de l'intérêt des sommes qu'il a retirées, non-seulement en vendant les choses héréditaires, mais encore en vendant leurs fruits.

Supposons maintenant que le possesseur de mauvaise foi n'ait pas touché aux sommes qu'il a trouvées dans la succession ; un texte formel (loi 20, § 14, D. *de hered. pet.*) le dispense, dans ce cas, de payer les intérêts. Ces sommes, en effet, n'ont rien produit, et le possesseur n'était point tenu de les faire fructifier, parce qu'il n'eût pu le faire sans prendre à sa charge les risques de l'insolvabilité de l'emprunteur. C'est ainsi que Papinien, dont l'opinion est rapportée par Ulpien dans le texte que nous venons de citer, justifie, dans un autre texte (l. 62 pr., D. *de rei vind.*), la décision qu'il a donnée. On a voulu, cependant, restreindre l'application de la loi 20, § 14, D. *de hered. pet.*, au cas particulier prévu par la loi 62 pr., où il s'agit d'une somme que le défunt n'avait pas l'intention de faire valoir, mais qu'il avait mise en réserve pour ses besoins imprévus : on ne peut alors reprocher au possesseur d'avoir laissé cet argent improductif, car il n'a fait que continuer le mode d'administration du défunt ; mais, s'il s'agissait de sommes que le défunt destinait à un emploi productif d'intérêts, le possesseur de mauvaise foi serait responsable du défaut de placement. Ce système ne nous paraît pas admissible. En effet, la raison qu'il donne de la solution de Papinien, dans la loi 62 pr., D. *de rei vind.*, pour arriver à restreindre la portée de la loi 20, § 14, D. *de hered. pet.*, est contraire aux principes et aux textes : aux principes, car, pour juger si l'administration du possesseur de mauvaise foi a été ce qu'elle devait être, il faut la comparer, non à celle du défunt, mais à celle d'un administrateur soigneux et diligent en général; aux textes, car Papinien prend soin de donner lui-même, à la fin de la loi 62 pr., *de rei vind.*, le motif de sa solution, et ce motif, applicable dans tous les cas, semble fort bien justifier la décision générale de la loi 20, § 14, D. *de hered. pet.*, décision qu'on peut encore d'ailleurs appuyer sur cette considération que, dans le cas prévu par le texte, la somme figure dans la restitution plutôt comme un corps certain que comme une quantité.

Quatrième différence.—Le possesseur de bonne foi n'est pas tenu des dégradations ou détériorations que la succession a éprouvées par son fait ou par sa faute, car il a négligé une chose qu'il croyait lui appartenir. Le possesseur de mauvaise foi doit, au contraire, tenir compte à l'héritier de toutes les pertes arrivées par sa faute ou sa négligence. (L. 31, § 3, D. *de hered. pet.*)

A partir de la *litis contestatio*, le possesseur de bonne foi, étant assimilé au *prædo*, est tenu de toutes les dégradations qui proviendraient de son fait ou de sa faute.

On pourrait croire que le possesseur de mauvaise foi est responsable de n'avoir pas poursuivi les débiteurs de la succession qui sont devenus insolvables ou se sont libérés par prescription. Cependant Ulpien décide qu'il n'est pas responsable, et il en donne pour motif qu'il ne pouvait les contraindre à payer, puisqu'il n'avait pas d'action contre eux. (L. 31, § 4, D. *de hered. pet.*) Pothier pense avec raison que cette décision doit être restreinte au cas où le possesseur de mauvaise foi ne connaissait pas l'héritier ; car, s'il le connaissait, il devait lui remettre l'hérédité, et le mettre ainsi en position d'exiger le payement : il doit, par conséquent, l'indemniser du préjudice qu'il lui cause.

SECTION III.

DES PRESTATIONS PERSONNELLES DUES PAR L'HÉRITIER AU POSSESSEUR.

L'administration de la succession qu'a eue le possesseur lui a nécessairement occasionné des dépenses dont il est juste que le demandeur qui triomphe lui tienne compte. Dans la revendication, pour arriver à faire statuer sur ce point par le juge, le défendeur a besoin de faire insérer dans la formule une exception de dol ; mais, dans la pétition d'hérédité, suivant l'opinion de plusieurs jurisconsultes, opinion définitivement consacrée par Justinien, l'exception de dol n'est pas nécessaire, et l'examen des réclamations que le possesseur peut avoir à faire rentrera naturellement dans l'*officium judicis*.

Pour l'appréciation de ces prestations personnelles dues par l'héritier, il faut toujours tenir compte de la distinction que nous avons établie entre les divers possesseurs : d'un côté, possesseurs de bonne foi ; de l'autre, possesseurs de mauvaise foi. Pour ce dernier, bien qu'il ne soit guère digne d'intérêt, il faudra cependant appliquer la règle que personne ne doit s'enrichir aux dépens d'autrui. L'héritier devra donc l'indemniser des dépenses faites pour l'hérédité dans la limite du profit qu'il en retire. Mais, à l'égard du possesseur de bonne foi, la règle est beaucoup plus large ; elle n'est qu'une conséquence du principe général posé par le sénatus-consulte Juventien, que le possesseur de bonne foi n'est tenu envers l'héritier que jusqu'à concurrence de ce dont il s'est enrichi. S'il ne faut pas qu'il puisse retirer un profit de la succession, il ne faut pas non plus que la possession qu'il en a eue puisse l'appauvrir. Il devra donc être rendu indemne de toutes les dépenses qu'il a faites pour l'hérédité.

Cette diversité de principes pour le règlement des prestations personnelles dues par l'héritier donne lieu à plusieurs différences, selon que le possesseur est de bonne ou de mauvaise foi.

Première différence.— Si le possesseur de bonne foi a désintéressé un créancier héréditaire, pourra-t-il déduire du montant du compte qu'il doit à l'héritier la somme qu'il a payée au créancier? Ce payement n'a pas libéré l'héritier possesseur, puisque ce n'est pas en son nom qu'il a été fait. L'héritier, attaqué plus tard, ne pourra se défendre que par l'exception de dol. Le possesseur de bonne foi se trouve ici protégé par la règle qu'il ne doit compte que du profit qu'il a retiré de l'hérédité, déduction faite de ce qu'il a dépensé pour elle. Il imputera donc ce qu'il a payé au créancier héréditaire, en cédant à l'héritier véritable la *condictio indebiti* qu'il a pour se faire restituer ce qu'il a payé, car il ne s'est enrichi que de cette action.

Dans la même hypothèse, le possesseur de mauvaise foi pourrait aussi porter en compte ce qu'il a payé aux créanciers héréditaires, mais avec cette différence qu'il devra donner caution de venir défendre l'héritier, si plus tard celui-ci était attaqué par le créancier. Quel peut être l'intérêt de cette caution, puisque l'héritier a déjà l'exception de dol pour repousser le créancier ? Outre qu'il est plus commode de se faire défendre par un autre que de se défendre soi-même, il pourrait arriver que l'exception de dol ne fût pas possible. Supposons, par exemple, que le payement ait été fait à un pupille non autorisé, qui n'a pas profité de cette somme, l'héritier aurait ici grand intérêt à s'être fait donner caution, puisqu'il n'aurait aucun moyen de repousser une seconde action du pupille.

Si le possesseur de bonne foi a payé des legs, en vertu d'un testament reconnu plus tard non valable, avant que le procès ne fût entamé, et lorsqu'il n'avait aucun sujet de croire que l'hérédité lui serait contestée (car, s'il a payé les legs depuis ce moment, il est en faute de ne s'être pas fait donner caution pour la restitution de ces legs en cas d'éviction de l'hérédité), il pourra faire imputer sur ce qu'il doit à l'héritier les sommes ainsi employées au payement de ces legs, à la charge, bien entendu, de céder à l'héritier la *condictio indebiti* qu'il a contre les légataires. Si en effet on laissait à son compte les sommes qu'il a ainsi payées, il pourrait arriver que, n'ayant pas demandé caution aux légataires, ou que, ceux-ci étant devenus insolvables, il se trouvât en perte, contrairement à l'esprit du sénatus-consulte Juventien. (L. 17, D. *de hered. pet.*) Quant au possesseur de mauvaise foi, il devra restituer les sommes qu'il a employées à l'acquittement des legs, et poursuivre les légataires à ses risques et périls.

Le possesseur de bonne foi pourra également déduire les sommes qui lui étaient dues par l'hérédité ; mais le possesseur de mauvaise foi ne le pourra pas. Cette distinction présente une grande importance lorsque la créance était naturelle et, par suite, privée d'action. Toutefois, le demandeur pourrait forcer le possesseur de mauvaise foi à imputer la dette et à la considérer comme éteinte, s'il y avait pour lui-même avantage à ce qu'il en fût ainsi, si, par exemple, une clause pénale devait être encourue, ou pour tout autre motif.

Deuxième différence. — Le possesseur de bonne foi, ainsi que le possesseur de mauvaise foi, peuvent se faire tenir compte des dépenses qu'ils ont faites soit pour ensemencer les biens, soit pour recueillir les fruits ; en effet, on ne considère comme fruits que ce qui reste, déduction faite des dépenses nécessaires pour les obtenir. Cependant le possesseur de mauvaise foi ne pourra déduire ses impenses que s'il y a eu des fruits, tandis que le possesseur de bonne foi le pourra alors même qu'il n'y en aurait pas eu.

Troisième différence. — Le possesseur peut avoir fait des dépenses sur les biens de la succession ; ces dépenses, qu'elles soient nécessaires, utiles ou voluptuaires, sont comptées au possesseur de bonne foi. Il ne doit restituer que le profit qu'il retire de l'hérédité; or ce profit se trouve diminué par les dépenses qu'il a faites.

Il en est ainsi au cas où le possesseur de bonne foi, pour satisfaire à l'ordre donné par le *de cujus* dans son testament, lui a élevé un tombeau ; en droit strict, il n'était pas tenu d'obéir à cette volonté, mais il y aurait été forcé par le prince ou le pontife. Il imputera donc, au moyen de l'exception de dol, les dépenses qu'il a faites pour cet objet. (L. 50, § 1, D. *de hered. pet.*)

Quant au possesseur de mauvaise foi, on distingue pour lui entre les dépenses nécessaires, utiles et voluptuaires. Pour les dernières, il est évident qu'il ne pourrait pas se les faire rembourser, car il ne devait pas faire de dépenses inutiles sur une chose qu'il savait ne pas lui appartenir; cependant on lui permettra d'enlever les statues et autres ornements, pourvu qu'il le fasse sans dégrader la chose héréditaire. (L. 39, § 1, D. *de hered. pet.*)

Pour les dépenses nécessaires et utiles, ce n'est qu'avec peine qu'on lui permet de les imputer; il ne peut, en effet, s'en prendre qu'à lui d'avoir fait ces dépenses sur la chose d'autrui. Cependant, comme ce résultat serait trop dur, et que, d'ailleurs, le véritable héritier ne doit pas s'enrichir au détriment d'autrui, on tiendra compte de ces dépenses au possesseur de mauvaise foi, mais seulement jusqu'à concurrence de la plus-value actuelle, ce qui le différencie du possesseur de bonne foi, qui aura droit au remboursement intégral de ses impenses, alors même que la chose n'existerait plus.

Le possesseur peut avoir contracté des obligations relativement aux biens de la succession ; dans ce cas, il pourra se faire donner caution par l'héritier, pour se mettre à l'abri de tout recours. Si, par exemple, le possesseur a vendu un bien héréditaire, l'héritier ne pourra réclamer le prix de vente qu'en donnant caution de l'exonérer de toutes les obligations d'un vendeur, et spécialement de la garantie en cas d'éviction. De même, si le possesseur a donné la caution *damni infecti* pour un édifice héréditaire qui menaçait ruine, le demandeur qui triomphe doit le garantir des conséquences de l'obligation qu'il a ainsi contractée. (L. 40, § 3, D. *de hered. pet.*)

Il peut arriver que le possesseur soit attaqué par deux personnes qui se prétendent héritières, et qu'il ait ainsi deux procès en pétition d'hérédité à soutenir à la fois; dans ce cas, si l'un des deux demandeurs triomphe avant l'issue du second procès, il devra donner caution au défendeur de venir le garantir et de soutenir le procès à sa place. A défaut de cette caution, on pourrait dire que le défendeur n'est pas en danger d'éprouver une perte, car, ayant cessé de posséder sans faute ni dol, mais pour obéir aux ordres de la justice, il devrait être absous. Cependant il vaudra mieux que le juge fasse donner caution au défendeur par le premier demandeur; alors la chose ne court aucun risque pour le second demandeur qui triomphe contre le premier. (L. 57, D. *de hered. pet.*)

Pour donner lieu aux prestations personnelles ou aux cautions que nous venons d'énumérer, il faut que les obligations aient été contractées pour l'hérédité; il ne suffit pas que le possesseur les ait contractées parce qu'il se croyait héritier : si, par exemple, il avait fait un emprunt qu'il croyait pouvoir rembourser avec les biens héréditaires, il ne pourrait rien réclamer. (L. 25, § 13.)

Les prestations personnelles dues par l'héritier au possesseur sont comprises dans l'*arbitrium* du juge, qui est investi du pouvoir d'en apprécier la qualité; c'était là l'opinion du plus grand nombre des jurisconsultes, au temps de la jurisprudence classique. Le juge opérera une déduction entre les prestations dues par l'héritier au possesseur, et condamnera celui qui restera débiteur à payer la différence à l'autre.

CHAPITRE VII.

DURÉE DE L'ACTION EN PÉTITION D'HÉRÉDITÉ.

La durée de l'action en pétition d'hérédité a éprouvé

des modifications successives, dont les plus anciennes sont indiquées par Gaïus dans le commentaire II, § 52 et suivants de ses Institutes. Nous avons déjà parlé de l'usucapion *pro herede*, qui avait lieu par le laps d'une année, et des effets qu'elle produisait contre le véritable héritier.

Cette usucapion fut abrogée en grande partie, sous Adrien, par un sénatus-consulte qui, probablement, est le sénatus-consulte Juventien ; elle ne fut maintenue qu'à l'égard des héritiers nécessaires, plus coupables que tous autres de négliger les biens de l'hérédité. Cette réserve finit elle-même par disparaître, ainsi que l'atteste la loi 2, C. *de usucapione pro herede*, émanant des empereurs Dioclétien et Maximien, qui déclarent ne consacrer qu'un usage.

Les actions réelles pouvaient être rendues inutiles, lorsque le défendeur faisait insérer dans la formule une prescription pour le cas où il aurait possédé l'objet revendiqué pendant dix à vingt ans, selon que, pendant ce temps, le demandeur avait été présent ou absent, et s'il prouvait la validité de cette prescription. La pétition d'hérédité, quoique étant une action réelle, ne devait pourtant pas pouvoir être repoussée par cette prescription. En effet, la revendication d'une hérédité embrasse tous les biens que celle-ci comprend ; or, parmi ces biens, se trouvent non-seulement des objets corporels et des actions réelles, mais aussi des créances, des droits personnels. Nous avons vu que, contre les débiteurs héréditaires, les *possessores juris*, la pétition d'hérédité, qu'un texte appelle *mixta personalis actio*, prend la nature des actions personnelles qu'elle remplace. La prescription de dix à vingt ans n'est pas opposable à ces actions, par conséquent elle ne l'est pas non plus à la pétition d'hérédité.

Cette action fut ainsi perpétuelle tant que les actions personnelles le furent aussi ; mais, lorsque, sous Théodose, ces dernières actions furent soumises à la prescription de trente ans, la pétition d'hérédité rentra dans la règle générale ; seulement, à la différence des autres actions réelles, elle ne fut éteinte que par la prescription trentenaire.

CHAPITRE VIII.

DE LA PÉTITION D'HÉRÉDITÉ PARTIELLE.

L'action dont nous nous sommes occupé jusqu'à présent n'est accordée qu'à celui qui prétend droit à toute la succession ; mais l'héritier peut se trouver en concours avec d'autres, et n'avoir ainsi droit qu'à une partie de la succession. C'est pour lui faire obtenir cette partie qu'a été créée la pétition d'hérédité partielle ; qui, du reste, a les mêmes avantages que la pétition d'hérédité totale, et suit les mêmes règles, sauf quelques dissemblances toutes pratiques, résultant de la différence, pour ainsi dire matérielle, qui existe, non dans la nature, mais dans la quotité du droit réclamé.

L'étendue de la pétition d'hérédité se mesure d'après le droit du demandeur, et non d'après la plus ou moins grande quantité des biens héréditaires que possède le défendeur. Celui qui se prétend unique héritier revendique l'hérédité entière, même contre celui qui n'en possède que quelques effets; au contraire, celui qui n'est héritier que pour partie revendique seulement une partie de l'hérédité proportionnelle à son droit, le défendeur en possédât-il tous les biens. (L. 1, § 1, D. *de hered. pet.*) Demander toute l'hérédité quand on est seulement héritier pour partie, ou bien en demander une part plus considérable que ne comporte son droit héréditaire, ferait encourir les peines de la plus-pétition. La formule délivrée par le préteur doit donc indiquer pour quelle part on se prétend héritier. Cependant il est des cas où le demandeur se trouve, quant à présent, dans l'impossibilité de savoir quelle sera sa part; lorsque cette incertitude est véritablement motivée, le préteur permet d'intenter l'action pour une part incertaine: par exemple, lorsque le *de cujus* a laissé un enfant vivant et sa femme enceinte, l'enfant ne peut actuellement savoir pour quelle part il est héritier; cela dépend du nombre des posthumes qui naîtront. Les jurisconsultes romains montraient sur ce point une prudence véritablement excessive, et conseillaient de ne faire adition que pour un quart, de peur que le nombre des posthumes n'allât jusqu'à trois; l'événement ferait ensuite connaître si l'héritier aurait à exercer une action en supplément ou à défendre à une action en réduction.

Les conditions qui doivent se rencontrer dans la personne du demandeur et dans celle du défendeur sont les mêmes pour la pétition d'hérédité partielle que pour la pétition d'hérédité universelle.

Le demandeur qui triomphe obtient par cette action une part indivise des objets possédés par le défendeur, et ce n'est que par une autre action, l'action *familiæ erciscundæ*, que s'opérera le partage de ces objets ainsi possédés par indivis.

Cette règle va nous permettre d'expliquer les solutions données par les jurisconsultes romains aux questions suivantes :

Primus et Secundus, qui se prétendent chacun héritier pour moitié, en contestant l'un à l'autre tout droit héréditaire, possèdent une part divise de la succession ; ils ne pourront former l'action *familiæ erciscundæ*, puisque le partage n'est refusé que parce que le droit héréditaire de chacun est méconnu par l'autre. Il faudra donc que Primus intente la pétition d'hérédité contre Secundus, qui en fera autant contre lui ; de cette manière, chacun d'eux restituera à l'autre une moitié indivise de ce qu'il possède, et, l'indivision existant, l'action en partage sera possible.

De même, s'il y a deux héritiers et deux possesseurs, chacun des héritiers ne devra pas se contenter d'actionner, l'un un possesseur, l'autre l'autre, mais ils devront les actionner tous les deux pour se faire restituer une part indivise dans chaque objet héréditaire. Pareillement, si une succession était possédée par quatre frères, et qu'une sœur vînt réclamer sa part, elle devrait les attaquer tous, et chacun d'eux lui restituerait un cinquième indivis du quart qu'il possède, ce qui lui donnerait un cinquième indivis de toute la succession, auquel elle a droit. (L. 6, D. *si pars hered. petatur.*)

Il en est de même, en principe, du cas où la succession est possédée pour moitié par Secundus, cohéritier du demandeur Primus, et pour l'autre moitié par un étranger, Tertius. Pour obtenir la restitution de la part qui lui revient, Primus devrait demander à Secundus et à Tertius la moitié de ce que chacun d'eux possède. Mais Secundus, réduit ainsi au quart, aurait droit de demander à Tertius l'autre quart qu'il possède, afin de compléter la moitié qui lui revient. Pour éviter ce recours de Secundus contre Tertius, comme peu importe à Primus la part qu'il obtiendra, puisqu'une part indivise en vaut une autre, il agira directement contre Tertius pour obtenir la moitié que celui-ci possède, et Secundus ne sera pas inquiété. (L. 1, § 3, D. *si pars hered. pet.*)

De même encore, si Primus, Secundus et Tertius possèdent chacun un tiers de la succession, que Primus et Secundus soient héritiers chacun pour moitié, et que Tertius n'ait aucun droit ; d'après la rigueur des principes, Primus devrait attaquer Secundus et Tertius, chacun pour la moitié de ce qu'ils possèdent, c'est-à-dire pour un sixième. Réciproquement, Secundus exercerait le même recours contre Primus et

Secundus ; mais, pour éviter ce circuit inutile, il vaut mieux décerner à Primus et à Secundus ce que possède Tertius, à chacun pour moitié. (L. 1, § 4, D. *eod.*)

Le défendeur à la pétition d'hérédité peut admettre le droit du demandeur pour partie, et le méconnaître pour le surplus ; l'action ne comprend alors que la partie contestée.

Dans la pétition d'hérédité partielle on suit, pour les prestations personnelles que peuvent se devoir les deux parties, les mêmes règles que pour la pétition d'hérédité totale.

DROIT FRANÇAIS.

DE LA PÉTITION D'HÉRÉDITÉ.

CHAPITRE PREMIER.

NATURE ET BUT DE L'ACTION EN PÉTITION D'HÉRÉDITÉ.

A la différence du droit romain, notre Code ne reconnait qu'une seule classe d'héritiers : les héritiers volontaires; mais en même temps, par suite du principe de la saisine, la succession repose sur la tête de l'héritier dès le moment de la mort du défunt. Ce droit de propriété de l'héritier s'applique à tous les biens que possédait le *de cujus*, à l'exception de ceux qui ne sont pas transmissibles par voie de succession, tels que les droits d'usufruit, d'usage et d'habitation, et autres droits attachés à la personne.

Comme conséquence de cette transmission des biens, l'héritier est tenu de toutes les obligations auxquelles le défunt se trouvait soumis. Ces obligations, ces charges de la succession peuvent être fort onéreuses et quelquefois dépasser l'actif; l'héritier doit toujours les acquitter ; et même avec ses propres biens, s'il n'a pas pris la précaution de n'accepter que sous bénéfice d'inventaire.

Cependant certains successeurs ne jouissent pas du bénéfice de la saisine, et doivent demander l'envoi en possession des biens qui composent la succession ; mais, une fois qu'ils ont obtenu cet envoi, ils se trouvent dans la même position que s'ils avaient eu la saisine, et, par conséquent, ils jouissent des mêmes droits et sont soumis aux mêmes obligations.

Pour faire valoir les droits qui lui compètent, l'héritier a : 1° l'action en pétition d'hérédité tendant au délaissement de la succession et de tous les objets qui la composent ; 2° les actions réelles ou personnelles dont jouissait le défunt.

C'est du premier de ces moyens que nous devons seulement nous occuper, en étudiant successivement la nature de l'action, les personnes à qui elle appartient et contre qui elle peut être formée, et les effets qu'elle produit.

Le Code civil ne contient qu'un très-petit nombre de dispositions sur la pétition d'hérédité, et encore sont-elles très-peu explicites ; aussi, pour les compléter, on se trouve obligé de recourir aux règles du droit romain, en tenant compte, toutefois, des modifications apportées à certains principes par notre législation nouvelle. Ces règles du droit romain avaient été généralement admises dans notre ancienne jurisprudence française, et les principes en cette matière, applicables pour la plupart aujourd'hui, sont développés lumineusement par Pothier dans son Traité de la propriété.

Deux cas peuvent donner lieu à l'exercice de l'action en pétition d'hérédité : 1° un des héritiers étant absent, ses cohéritiers se sont partagé la succession à laquelle il était appelé en concours avec eux : 2° l'héritier légitime le plus proche ne se présentant, un héritier plus éloigné ou les successeurs irréguliers ont demandé et obtenu l'envoi en possession. Si, plus tard, l'absent revient ou qu'il se découvre un héritier légitime, ils auront alors à faire valoir leurs droits à la succession, et ils le feront en intentant la pétition d'hérédité.

Dans notre droit, comme en droit romain, la pétition d'hérédité est une action réelle, par laquelle une personne demande contre son adversaire d'être reconnu héritier d'une autre personne décédée, et demande aussi, en conséquence, les choses de l'hérédité possédées par le défendeur.

Pour qu'il y ait lieu à l'exercice de cette action, il ne suffit pas que l'adversaire possède des biens de la succession ; l'action en revendication suffirait à l'héritier pour les obtenir ; il faut encore que ces objets soient possédés en qualité d'héritier. C'est alors cette dernière qualité qui fait l'objet de la contestation, et peu importe que le défendeur possède toute la succession ou seulement quelques objets qui en dépendent ; du moment qu'il se prétend héritier, il se trouve soumis à la pétition d'hérédité, au lieu de l'être à la revendication, qui serait bien plus difficile et plus périlleuse pour le demandeur. En effet, dans cette dernière action, il lui faudrait établir que le défunt avait la propriété des objets réclamés, tandis que, pour triompher dans la pétition d'hérédité, il lui suffit de prouver : 1° qu'il est héritier ; 2° que la chose réclamée fait partie de la succession.

La première de ces deux conditions nous conduit à examiner quelles sont les personnes qui peuvent intenter la pétition d'hérédité.

Dans les pays de droit écrit et dans quelques coutumes qui reconnaissaient les héritiers institués, telles que celle de Bretagne, les deux classes d'héritiers, légitimes et testamentaires, pouvaient intenter la pétition d'hérédité. Mais la plupart des coutumes ne reconnaissant que les héritiers légitimes, eux seuls pouvaient intenter l'action.

Aujourd'hui que le Code, tout en établissant un ordre de succession, permet de le modifier par un testament, tout héritier, qu'il tienne son droit de la loi ou de la volonté de l'homme, peut exercer la pétition d'hérédité. Elle appartiendrait à l'héritier institué contractuellement, ainsi qu'à l'appelé à une substitution universelle ; toutes ces personnes succèdent aux biens du défunt, et doivent, par conséquent, avoir l'action qui est la sanction de leur droit sur l'hérédité. Il en est de même des successeurs irréguliers : enfants naturels, conjoint survivant, Etat. Quoique la loi leur refuse le titre d'héritiers, ils n'en succèdent pas moins à l'universalité ou à une partie des droits qui compétaient au défunt, et cela suffit pour leur donner le droit d'agir par cette action : « Nam quicumque in universum jus succedit, loco heredis habetur. » (L. 128, D. *de regulis juris.*)

Un cessionnaire de droits successifs peut aussi, non pas de son chef, mais du chef de son cédant, intenter la pétition d'hérédité.

Lorsque le possesseur de la succession, assigné sur la demande de ce cessionnaire de droits successifs, conteste la qualité d'héritier de son cédant, il peut appeler ce dernier en garantie ; car, bien que celui qui a vendu ses droits à une succession ne soit pas garant des objets particuliers qui la composent, il répond de l'existence réelle du titre d'héritier, lorsque c'est ce titre même qui est contesté : « Heredem se esse præstare debet. » (L. 18, D. *de hered. vind.*)

Il en serait autrement si quelqu'un avait vendu, non ses droits successifs, mais ses prétentions à une succession. Dans ce cas, le cessionnaire desdites prétentions doit les faire valoir à ses risques et périls, lorsqu'elles lui sont disputées, sans qu'il puisse appeler son cédant en garantie, ni exercer aucun recours contre lui, à moins qu'il n'y eût eu dol de sa part.

Une fois que le demandeur aura prouvé sa qualité, il lui suffira d'établir, pour obtenir la restitution des objets détenus par le possesseur, que ces objets faisaient partie de la succession, qu'ils étaient dans les biens *(in bonis)* du défunt.

L'action en pétition d'hérédité est donnée pour obtenir tout ou partie de la succession, selon que le demandeur prétend qu'il y est appelé seul ou en concours avec des cohéritiers. Dans le premier cas, l'action a un caractère bien tranché, qui ne peut permettre de la confondre avec aucune autre.

Dans la seconde hypothèse, au contraire, elle a de grands rapports avec l'action en partage accordée au cohéritier pour se faire donner la part qui lui revient dans la succession. Les deux actions sont donc identiques dans leur but, qui est d'obtenir une partie de l'hérédité. Cependant il ne saurait y avoir de confusion : l'action par laquelle une personne réclame la part qui lui revient dans une succession à elle échue, concurremment avec d'autres cohéritiers qui sont en possesion, est, il est vrai, une action en partage *(familiæ erciscundæ)*, et non une action en pétition d'hérédité; mais il n'en est ainsi que lorsque le fait de l'indivision et le titre de cohéritier que s'attribue le demandeur sont reconnus par le défendeur. Lorsqu'il en est autrement, il y a une contestation préjudicielle à l'action en partage, et cette contestation constitue une véritable pétition d'hérédité. C'est ce qu'exprime Pothier de la manière la plus explicite : « Dans nos usages, dit-il, un héritier pour partie » débute ordinairement par donner la demande à fin » de partage contre les autres héritiers qui se sont » emparés des biens de la succession. Mais si les hé» ritiers assignés sur cette demande disputent au de» mandeur la part qu'il prétend dans la succession » dont il demande le partage, le demandeur, en » soutenant contre les défendeurs que la part qui

» lui est disputée lui appartient, est censé intenter
» contre eux la pétition d'hérédité pour cette part, et
» cette pétition doit être instruite et jugée préalable-
» ment à la demande à fin de partage. » (*Traité du droit de propriété*, n° 372.) C'était aussi l'avis de Lebrun, et il est suivi aujourd'hui par les auteurs et la jurisprudence.

CHAPITRE II.

QUELS SONT LES DROITS DU VÉRITABLE HÉRITIER CONTRE CEUX QUI, A SON DÉFAUT, ONT RECUEILLI LA SUCCESSION.

Lorsqu'une personne qui aurait droit à une succession est absente au moment de son ouverture, elle appartient soit à ses cohéritiers, soit aux héritiers d'un degré plus éloigné. C'est la règle générale que pose l'art. 136 Code Napoléon : « S'il s'ouvre une succession à laquelle soit appelé un individu dont l'existence n'est pas reconnue, elle sera dévolue exclusivement à ceux avec lesquels il aurait eu le droit de concourir, ou à ceux qui l'auraient recueillie à son défaut. »

Cette règle si absolue, et qui aurait des conséquences si désastreuses, si elle était seule, est tempérée dans l'article qui suit : « Art. 137. Les dispositions des deux articles précédents auront lieu sans préjudice des actions en pétition d'hérédité et d'autres droits, lesquels compéteront à l'absent ou à ses représentants ou ayants cause, et ne s'éteindront que par le laps de temps établi pour la prescription. » Enfin l'article 138 attribue les fruits au possesseur de bonne foi : « Tant que l'absent ne se représentera pas, ou que les actions ne seront point exercées de son chef, ceux qui auront recueilli la succession gagneront les fruits par eux perçus de bonne foi. »

Telles sont les dispositions législatives qui déterminent les droits respectifs du véritable héritier qui se représente, et de ceux qui, pendant son absence, ont possédé la succession qui lui appartenait.

Deux circonstances fort différentes peuvent faire qu'une succession se trouve appréhendée par d'autres que par le véritable héritier : 1° l'absence, soit déclarée, soit seulement présumée, de cet héritier ; 2° l'inaction ou le silence qu'il garde, soit volontairement, soit par suite de l'ignorance où il est de sa vocation et de son droit. Les deux cas ont cela de commun que l'hérédité se trouve dans d'autres mains que celles de l'héritier le plus proche appelé à la recueillir ; mais ils diffèrent sous d'autres rapports, et surtout à raison de la qualité des possesseurs.

Dans la première hypothèse, lorsque l'héritier est absent, la loi elle-même règle le sort de la succession : « Elle sera dévolue à ceux avec lesquels il aurait eu le droit de concourir, ou à ceux qui l'auraient recueillie à son défaut. » Il y a donc attribution au profit des autres parents, qui, dès lors, ont un titre légitime de possession, et s'ils ignorent réellement l'existence de l'absent, ils seront de véritables possesseurs de bonne foi, puisqu'ils réuniront en eux les conditions que l'article 550 exige d'un tel possesseur : ils posséderont en vertu d'un titre translatif de propriété dont les vices leur seront inconnus.

Pour qu'il y ait lieu à l'application de l'article 136, faut-il qu'il y ait absence déclarée, ou suffit-il que l'on se trouve dans la période de présomption d'absence ? Cette question fut agitée au conseil d'État, où les avis furent d'abord partagés. On disait, d'un côté, que, tant que l'absence n'est pas déclarée ou reconnue légalement, l'absent est réputé vivant aux yeux de la loi, à moins que sa mort ne soit prouvée. S'il en était autrement, il en résulterait, disait-on, qu'un citoyen serait à peine embarqué, qu'il deviendrait incapable de succéder. Vainement il aurait laissé une procuration, vainement il en enverrait une des lieux lointains où il réside, pour le représenter dans le partage d'une succession ; on pourrait demander la preuve de son existence, sur le fondement que peut-être il est décédé entre la signature et l'arrivée de la procuration. Enfin, on fit observer que déjà la question paraissait tellement décidée par l'article 113, qu'il faudrait changer cet article si l'on admettait l'opinion opposée.

A ces raisonnements on répondait que ceux qui se présentent pour héritiers, à l'exclusion de l'absent, n'ont rien à prouver, parce qu'ils tirent leur droit d'eux-mêmes, c'est-à-dire de la loi qui les appelle ; ils exercent donc ce droit exclusivement, lorsque personne ne se trouve en état de réclamer le concours ou l'exclusion. On opposa à la seconde objection que les inconvénients qui avaient été indiqués n'étaient pas réels. L'absent, en effet, ne perd pas irrévocablement la succession faute d'avoir administré la preuve de son existence, car il reste la pétition d'hérédité, qui dure trente ans. Enfin on concilia l'article 113 avec le principe que l'absent présumé n'est, comme l'absent déclaré, réputé ni mort ni vivant, par cette distinction : si les parties intéressées reconnaissent l'existence de l'absent présumé, si elles ne veulent pas, quant à présent, user de la dévolution que l'article 136 fait à leur profit, il doit, suivant l'article 113, être nommé un notaire ; si, au contraire, elles ne reconnaissent pas son existence, elles peuvent profiter de la dévolution, en vertu de l'article 136.

C'est cette dernière opinion qui prévalut, et tous les auteurs, à l'exception de Maleville, ont adopté cette dernière doctrine.

Toutefois, si la dévolution exclusive autorisée par les art. 135 et 136 est un droit établi en faveur des personnes appelées à défaut de l'absent ou en concours avec lui, ce n'est pas à dire qu'elles puissent en user en toute circonstance ; il faut avant tout que des doutes raisonnables s'élèvent sur l'existence de l'absent. On ne saurait donc admettre la doctrine de Proudhon, qui a prétendu qu'on pouvait méconnaître l'existence d'un individu dès le lendemain même de son départ. Cette extension du principe posé dans l'article 135 serait d'autant plus grave que la loi, tout en accordant à l'absent, s'il se représente, une action en pétition d'hérédité, n'a pas pris de précautions pour assurer l'efficacité de cette action. On ne pourrait pas appliquer, par conséquent, la disposition de l'article 819, pas plus que celles des articles 911 et suivants du Code de procédure. C'est ce qui a été décidé par plusieurs arrêts ; cependant un arrêt de la Cour de Riom, du 20 mai 1816, a jugé que le ministère public a droit de requérir la nomination d'un notaire pour représenter, mais seulement dans l'inventaire d'une succession, un individu dont l'existence n'est pas reconnue. L'ancienne jurisprudence, il est vrai, se montrait plus prudente que le Code civil : elle n'accordait la dévolution aux héritiers présents qu'à la charge de faire inventaire et de donner caution. Cette mesure sage est également dans l'esprit général du Code, qui l'a ordonnée toutes les fois qu'une dévolution provisoire est autorisée (art. 758 et 771). Mais, en présence des termes de l'article 136, on ne saurait adopter une telle doctrine.

Dans la seconde hypothèse, celle où l'héritier véritable, sans être absent, est inconnu ou reste dans l'inaction, le possesseur pourra encore être de bonne foi, si, par suite d'une erreur soit de fait, soit même de droit, il se croit appelé à recueillir la succession qu'il a appréhendée. Cependant ce cas se distingue profondément du premier, quoique plusieurs auteurs les confondent, en ce que la vocation légale à la succession n'existant qu'au profit des parents les plus proches, ceux du degré plus éloigné ne sauraient avoir aucun droit de se mettre en possession de l'hérédité. C'est donc à ses risques et périls que le parent le plus éloigné appréhende la succession, lorsqu'il sait qu'un autre y est appelé avant lui, car la renonciation ne se présume pas. M. Zachariæ fait, il est vrai, une distinction, et décide que ce parent plus éloigné n'est pas de mauvaise foi lorsqu'il a eu seulement connaissance de la délation de l'hérédité au profit du parent plus proche; mais qu'il ne saurait être de bonne foi lorsqu'il savait, en outre, que, si ce parent ne se présentait pas pour recueillir la succession, c'était uniquement parce qu'il en ignorait l'ouverture à son profit.

Cette distinction paraît être une conséquence logique du système professé par cet auteur, et d'après lequel, « lorsque les parents saisis de l'hérédité tar-
» dent à opter entre l'acceptation ou la répudiation de
» celle-ci, les parents appelés à leur défaut, et même,
» en cas d'inaction de ces derniers, les parents plus
» éloignés, sont autorisés à prendre possession de
» l'hérédité. » Il enseigne d'ailleurs également que la saisine existe collectivement au profit de tous les parents au degré successible, tant que l'hérédité n'a point été acceptée par ceux qui s'y trouvent appelés d'après l'ordre des successions. Une telle doctrine ne saurait être admise; la saisine n'existe qu'au profit des parents les plus proches; et avec le principe tombe également la distinction qui en est une conséquence.

Les successeurs irréguliers ne sont pas, comme les

héritiers légitimes, saisis de plein droit de la succession qui leur échoit; ils doivent remplir certaines formalités et demander l'envoi en possession. S'ils se mettent en possession des biens sans remplir les formalités exigées par la loi pour la garantie des droits des successeurs plus proches, ils sont alors en faute; leur possession n'est pas légale; ils sont possesseurs de mauvaise foi. Ce ne serait pas, d'ailleurs, le seul cas où leur possession pourrait être de mauvaise foi; elle aurait encore ce caractère, s'il était prouvé que, tout en accomplissant les formalités légales, ils savaient que la succession devait revenir à des parents plus proches dont ils connaissaient l'existence. Ce dernier cas de mauvaise foi leur est commun avec les héritiers proprement dits, tandis que le premier ne peut exister que pour les successeurs irréguliers, puisque les héritiers ne sont pas assujettis à ces formalités.

Celui qui a recueilli de bonne foi une succession qui appartenait à un autre peut ensuite devenir possesseur de mauvaise foi. Il en sera ainsi si les vices de son titre qu'il ignorait d'abord lui sont connus, de quelque manière que ce soit, sans qu'il y ait besoin pour cela d'une demande en justice ou d'une sommation quelconque. C'est ce que décide la seconde partie de l'art. 550 : Le possesseur... cesse d'être de bonne foi du moment où ces vices lui sont connus.

On a cependant soutenu que le possesseur qui a commencé par être de bonne foi ne cesse d'être tel que par une demande en justice, ou au moins par une sommation quelconque. On invoque, en premier lieu, à l'appui de cette opinion, les termes de l'article 138 : *Tant que l'absent ne se représentera pas, ou que les actions ne seront point exercées de son chef.* On argumente ensuite de l'utilité pratique que présente cette règle, par suite de la facilité qu'a le véritable héritier de manifester la volonté où il est d'exercer ses droits.

Mais à cette solution on oppose avec raison les termes si généraux et si larges de l'art. 550. L'art. 138, qu'on veut présenter comme y apportant une dérogation, n'a pas pour but de fixer à quel moment cesse la bonne foi du possesseur ; le législateur, en édictant cette disposition, a surtout voulu déroger à l'ancienne maxime : *Fructus augent hereditatem.* Si, d'ailleurs, on veut s'attacher à cet article, on y trouve la condamnation de l'opinion que nous combattons : il n'attribue aux possesseurs que les fruits *par eux perçus de bonne foi.*

Il n'y aura donc de possesseurs de bonne foi que : 1° celui qui, ignorant l'existence d'un absent, s'est mis en possession d'une succession qui aurait dû appartenir à cet absent ; 2° celui qui, en cas de silence ou d'inaction d'un héritier plus proche qu'il ne connaissait pas, s'est mis en possession d'une succession à laquelle il se croyait appelé.

Tous les autres possesseurs, quels qu'ils soient, seront de mauvaise foi.

Cette distinction entre les divers possesseurs est très-importante, p[illegible] uite des différences nombreuses qui, en droit français comme en droit romain, existent entre eux.

Si le possesseur de l'hérédité est de mauvaise foi, tout le monde reconnaît que les anciens principes doivent être encore observés. Il tombe sous l'application de la grande règle de l'art. 1382 : Tout fait quelconque de l'homme qui cause à autrui un dommage oblige celui par la faute duquel il est arrivé à le réparer. En se mettant en possession d'une succession qu'il savait ne pas lui appartenir, il a causé au véritable héritier un préjudice dont il lui doit la réparation. L'article 772, fait pour un cas particulier, n'est qu'une application du même principe ; il dispose que l'époux survivant ou l'administration des domaines qui n'auraient pas rempli les formalités qui leur sont respectivement prescrites pourront être condamnés aux dommages et intérêts envers les héritiers, s'il s'en représente.

Lorsque le possesseur est de bonne foi, les opinions sont partagées sur le point de savoir quelle est la position que le Code civil lui a faite relativement à la restitution des fonds héréditaires eux-mêmes.

Dans un système, on dit que le possesseur de bonne foi doit rendre les biens, non pas dans *l'état où ils se trouvent*, mais dans *l'état où ils devraient être*. Pour appuyer cette doctrine, on se fonde sur les art. 137 et 138, qui réservent à l'absent la pétition d'hérédité, et n'accordent au possesseur de bonne foi que les fruits qu'il a perçus, sans rien dire qui ait rapport à la restitution des biens eux-mêmes. L'article 132, ajoute-t-on, ne saurait être invoqué sous aucun rapport pour la solution de cette question, d'abord parce que son texte même ne s'applique qu'aux biens qui appartenaient à l'absent lors de sa disparition ou de ses dernières nouvelles, et nullement aux droits éventuels qui pouvaient lui échoir, et que d'autres ont recueillis à son défaut; ensuite, parce qu'en réalité les deux cas n'offrent aucune ressemblance. Lorsqu'on applique l'article 132, l'absence a duré au moins trente-cinq ans, ou il s'est écoulé cent ans depuis la naissance de l'absent; il était rationnel de donner alors aux envoyés définitifs les pouvoirs les plus étendus. Lorsqu'il s'agit, au contraire, d'une succession échue à l'absent, il peut arriver qu'elle se soit ouverte peu de temps après son départ; comment peut-on vouloir le priver même du droit d'en exiger la restitution intégrale?

A ces objections, qui ne manquent pas de force, on peut répondre avec raison, croyons-nous, que le Code civil ayant réservé à l'absent la pétition d'hérédité sans la définir, sans en préciser aucunement les caractères, il est naturel de s'en référer aux principes précédemment suivis; car, en faisant autrement, on arriverait à l'arbitraire le plus complet. On ne saurait d'ailleurs tirer d'argument contraire de l'article 138, qui, introduit entièrement dans l'intérêt du possesseur de bonne foi, ne saurait être retourné contre lui. Les anciens principes reposaient sur les considérations les plus pressantes d'équité et d'humanité. Comment obliger le possesseur de bonne foi à répondre sur ses propres biens de ce qu'il a fait sur les biens de l'hérédité, alors qu'il s'en est cru propriétaire? Ce n'est que comme détenteur qu'il était obligé, et, dès qu'il ne possède plus, son obligation cesse. La grande règle du droit romain, admise universellement dans notre ancienne jurisprudence, était que le possesseur de bonne foi n'était tenu que jusqu'à concurrence de ce dont il s'était enrichi. Pourquoi veut-on abandonner cette règle, que l'on suit sur d'autres points, pour y substituer l'arbitraire? Si le possesseur de bonne foi a peut-être eu tort de disposer des biens sans en retirer aucun profit, s'il a quelques reproches à se faire, l'absent, qui pouvait agir, n'est-il pas aussi en faute d'avoir gardé le silence, et le possesseur de l'hérédité, qui est appelé par la loi elle-même à prendre sa place, n'est-il pas aussi digne que lui d'intérêt et de protection? Du moment qu'il n'y avait pas d'obligation préexistante, le simple fait, sans mauvaise foi, ne saurait en créer une. C'est là situation du possesseur de bonne foi.

Recherchons maintenant quelle est la position du possesseur de bonne foi de l'hérédité par rapport :

1° Aux fruits qu'il a perçus;

2° Aux dégradations qu'il a commises;

3° Aux aliénations qu'il a faites;

4° Aux prix de vente et autres capitaux qu'il a reçus.

1° Quant aux fruits, notre ancienne jurisprudence paraît avoir suivi les principes du droit romain, et Pothier en exprime même son regret en ces termes :

« Si un père de famille est présumé conserver ses
» fonds, il est au contraire présumé dépenser ses
» revenus; le possesseur de bonne foi regardant
» comme ses revenus les fruits qu'il perçoit des biens
» de la succession qu'il croyait lui appartenir, il sem-
» ble qu'on devrait présumer qu'il les a dépensés,
» soit en vivant plus largement, soit en les employant
» en aumônes, et qu'il ne s'en est pas enrichi tant
» qu'on ne justifie pas le contraire, et qu'il devrait,
» en conséquence, être déchargé des comptes des
» fruits. Il faut néanmoins convenir que notre pra-
» tique française est contraire, et qu'on exige de
» celui qui s'est mis en possession d'une succession
» qu'il compte des fruits à l'héritier qui l'a évincé. »
(*De la propriété*, n° 430.) Cependant Lebrun professait une doctrine directement opposée à celle de Pothier. D'autres auteurs, notamment Domat, faisaient entrer dans la restitution à faire à l'héritier véritable tous les fruits, même ceux consommés de bonne foi. Certaines coutumes, comme celles de Bretagne et de Normandie, ne dataient l'exigibilité des fruits que du jour de la demande.

Sous l'empire du Code Napoléon, quelques auteurs ont prétendu qu'on devait encore suivre la règle *Fructus augent hereditatem*, déjà si fortement combattue par Pothier. Il est difficile de s'expliquer une pareille opinion, en présence des dispositions des articles 138 et 549. Selon le premier de ces articles, « tant que l'absent ne se présente pas, ceux qui ont recueilli la succession gagnent les fruits perçus de bonne foi. »

Selon l'article 549, « le simple possesseur ne fait les fruits siens que dans le cas où il possède de bonne foi. » De ces deux dispositions, évidemment applicables, il résulte que si le possesseur de mauvaise foi doit tous les fruits, la bonne foi dispense, au contraire, de restituer ceux perçus avant l'action. L'équité se joint ici au texte de la loi ; on proportionne, en général, ses dépenses à ses revenus. Obliger le possesseur d'une hérédité à rendre tout ce qu'il a consommé, ce serait souvent l'exposer à une ruine presque certaine. Enfin, la loi du 15 pluviôse an XIII a formellement tranché la question dans notre sens, par rapport à la succession des enfants décédés dans les hospices.

Nous appliquons cette solution même aux fruits perçus par les successeurs irréguliers pendant les trois premières années. M. Maleville les croit toujours restituables ; « mais il y a, répond fort bien M. Toullier, le même motif de bonne foi pendant ces trois années que pendant les suivantes, et l'art. 771 n'a point exigé la caution pour la restitution des fruits de ces trois années, mais seulement pour la restitution du mobilier. »

Pour les fruits civils, ils seront acquis jour par jour à l'héritier apparent, en suivant la règle établie par l'art. 586 pour l'usufruitier. Cependant la Cour de Caen, par un arrêt du 26 février 1847, a décidé le contraire, et n'a accordé à l'héritier apparent que les fruits civils qu'il avait perçus. Une telle doctrine nous semble erronée. Pourquoi exiger que l'héritier apparent ou tout autre possesseur de bonne foi joignent à l'échéance le fait de la *réception?* On cherche vainement dans la loi un texte qui autorise cette aggravation de position, et on ne voit pas de motif pour exiger l'appréhension pour les fruits civils, quand on en dispense pour les fruits naturels ou industriels. Domat regardait cette appréhension comme inutile : « Si les revenus d'un fonds possédé par un détenteur de bonne foi, dit-il, viennent successivement et de jour en jour, comme les loyers d'une maison, le revenu d'un moulin, d'un bac, d'un péage et les autres semblables, et qu'il soit évincé, *il aura ce qui se trouvera échu jusqu'à la demande, et rendra le reste.*» (*Lois civiles*, liv. III, tit. 5, sect. 3, n° 8.)

2° Si des fruits nous passons aux dégradations commises par le possesseur de bonne foi, il n'en sera pas responsable, à moins qu'il n'en ait profité, et, dans ce cas même, sa responsabilité ne va pas au delà du profit qu'il en a retiré. Cependant on ne doit entendre cette règle que des actes du possesseur qui peuvent se justifier, de ces changements que, comme dit Loyseau, *il aurait pu faire sur l'héritage sans fraude, comme maître et seigneur peut faire pour sa commodité.* (*Du déguerpissement*, liv. V, ch. XIV.) S'il s'agissait de déprédations, de dévastations injustifiables et qui feraient même suspecter la bonne foi du possesseur, on ne saurait l'affranchir de toute responsabilité.

Le possesseur de mauvaise foi est, au contraire, tenu de réparer intégralement le dommage qu'il a causé par sa faute ou par sa négligence.

3° Pour les aliénations faites par l'héritier apparent de bonne foi, il faut distinguer entre les aliénations à titre gratuit et celles à titre onéreux.

Si le possesseur a aliéné à titre gratuit des objets de la succession, il n'est tenu à aucune indemnité à l'égard de l'héritier, à moins que la donation n'ait eu pour objet l'acquittement d'une dette naturelle ou de reconnaissance. Il pourrait également être obligé si, par l'effet des charges imposées au donataire, il en avait retiré un profit.

Si l'aliénation a eu lieu à titre onéreux, le possesseur est tenu de rembourser au demandeur le prix qu'il a reçu, mais rien au delà, alors même que ce prix serait inférieur à la valeur réelle des objets aliénés. Il devrait également le rendre, s'il était supérieur à cette valeur, car il ne doit retirer aucun profit de la succession.

Nous nous occuperons plus loin des droits de l'héritier qui reparaît contre les tiers qui ont acquis de l'héritier apparent.

4° Enfin, quant aux capitaux qu'a reçus le possesseur de bonne foi, on ne saurait admettre, avec le droit romain, qu'il n'en est tenu qu'autant qu'il s'en trouve plus riche au moment de la demande. Cette règle, inapplicable en pratique, avait déjà été rejetée par l'ancienne jurisprudence. « Toutes les décisions des lois romaines que nous avons rapportées, dit Pothier, sont très-conformes aux principes de l'équité naturelle dans la théorie ; mais il est très-difficile d'en faire l'application dans la pratique. En effet, il n'est guère possible de connaître si le possesseur de bonne foi, qui a reçu des sommes d'argent des débiteurs de la succession et du prix de la vente des effets de cette succession, et qui les a employées, s'en trouve plus riche ou non au temps de la demande en pétition d'hérédité ; il faudrait pour cela entrer dans le secret des affaires des particuliers, ce qui ne doit pas être permis. Il a fallu, dans notre pratique française, s'attacher à une autre règle sur cette matière, qui est que personne ne devant être présumé dissiper ce qui fait le fonds d'un bien qu'il croit lui appartenir, le possesseur de bonne foi des biens d'une succession est censé avoir profité de tout ce qui lui est parvenu des biens de cette succession et qui en compose le fonds mobilier, et en profiter encore au temps de la pétition d'hérédité, à moins qu'il ne fasse apparoir du contraire. » (*Traité du droit de propriété*, n° 429.)

Si, pendant l'absence de l'un des cohéritiers, ceux qui se sont mis en possession des biens de la succession se les sont partagés, mais que depuis l'un d'eux soit devenu insolvable, sur qui doit retomber l'insolvabilité ?

Supposons une succession de 60,000 francs et quatre héritiers, dont l'un absent, de sorte que les trois autres cohéritiers reçoivent chacun 20,000 fr. Lors du retour de l'absent, l'un des cohéritiers est insolvable ; la perte retombera-t-elle sur l'absent tout seul, sur ses deux cohéritiers solvables, ou bien à la fois sur l'absent et sur ses deux cohéritiers ?

M. Duranton enseigne que les 40,000 francs restant devront être mis en commun et partagés entre l'absent et ses deux autres cohéritiers solvables, de telle sorte que la perte sera également supportée par tous les trois, sauf aussi leur égal recours contre celui qui est insolvable. Le partage, dit-on, dans cette opinion, est pour l'absent *res inter alios acta*, et ne peut, par conséquent, lui préjudicier (art. 1165); il a donc conservé sa part indivise dans tous les objets de l'hérédité; autrement il faudrait aller jusqu'à dire que son droit a subi sans sa volonté un changement; que son droit de propriété s'est transformé en créance, ce qui serait contraire à tous les principes. Les cohéritiers de l'absent pouvaient, d'ailleurs, mettre sa part en réserve; mais, puisqu'ils ont mieux aimé ne faire que trois lots et gagner ainsi les fruits, il est juste qu'ils supportent les inconvénients de la position qu'ils ont choisie, et dont ils ont eu les avantages.

Cependant nous n'admettons pas cette doctrine. Le partage qu'ont fait les trois cohéritiers présents n'a pas pu avoir pour effet de changer le droit de l'absent, puisque l'art. 137 leur réserve sans distinction l'action en pétition d'hérédité. Mais ne serait-il pas évidemment inique que les deux cohéritiers présents supportassent une part dans la perte résultant de l'insolvabilité du troisième? L'absent est en faute après tout, et cette faute lui étant personnelle, il en doit personnellement subir les suites. Est-ce que les deux cohéritiers avaient un moyen d'empêcher que leur cohéritier insolvable exigeât un lot de 20,000 francs? Celui-ci tenait son droit de la loi elle-même, et on ne peut rien reprocher aux deux autres. Du moment qu'il ne leur revenait que 15,000 francs et qu'ils en ont reçu 20,000, ils ne doivent rien de plus à l'absent que les 5,000 francs qu'ils ont reçus chacun de trop; car ensuite il ne leur reste plus que leur part héréditaire, part que l'absent ne peut diminuer.

CHAPITRE III.

QUELS SONT LES DROITS DE L'HÉRITIER VÉRITABLE CONTRE LES TIERS QUI ONT TRAITÉ AVEC L'HÉRITIER APPARENT?

La loi n'a pas limité les pouvoirs de ceux qui recueillent, au lieu et place de l'absent, les droits éventuels qui leur échoient; cependant cette propriété n'est pas incommutable; bien au contraire, l'article 137 réserve à l'absent ses actions en pétition d'hérédité et autres droits.

Cependant les règles auxquelles se trouve soumis ce droit de propriété ne sont tracées nulle part par le législateur.

Quels sont les actes qui devront être maintenus? quels sont ceux qui devront être annulés?

On ne saurait appliquer absolument le principe que nul ne peut transmettre à autrui plus de droits qu'il n'en a lui-même. Cette règle, par sa généralité même, est inacceptable, et personne n'a été jusqu'à annuler tous les actes faits par l'héritier apparent avec les tiers.

D'un autre côté, on ne saurait non plus considérer l'héritier apparent comme le représentant légal de l'absent, comme son mandataire, et, par conséquent, respecter tous les actes, quels qu'ils soient.

Il faut donc laisser de côté les systèmes absolus, et distinguer entre les actes nécessaires et les actes volontaires.

Les premiers sont les actes d'administration, en prenant ce mot dans la signification étendue qu'il comporte ; les autres sont plutôt des actes d'aliénation, de disposition, qui ne présentent pas, en général, les mêmes caractères de nécessité.

Cette distinction a été généralement adoptée, mais avec plus ou moins d'étendue, par les uns et par les autres, suivant ses différentes applications.

Nous allons examiner successivement les actes les plus importants qui ont pu être faits avec les tiers par l'héritier apparent :

1° Les payements reçus par lui des débiteurs héréditaires ;
2° Les baux passés par lui ;
3° Les jugements rendus pour ou contre lui ;
4° Les transactions ;
5° Les aliénations.

1° Les payements faits entre les mains de l'héritier apparent par les débiteurs héréditaires doivent être maintenus, en présence de la disposition de l'article 1240 ainsi conçu : Le payement fait de bonne foi à celui qui est en possession de la créance est valable, encore que le possesseur en soit par la suite évincé.

Le possesseur de la créance dans le sens de cet article, c'est celui que toutes les circonstances extérieures désignent aux tiers comme le créancier véritable ; c'est surtout l'héritier apparent. Il peut forcer le débiteur de payer, et à cet effet le poursuivre ; ce débiteur a, d'autre part, non-seulement le devoir, mais aussi le droit de se libérer. C'est là un acte nécessaire par excellence.

2° Les baux passés par l'héritier apparent doivent être aussi maintenus.

Les baux sont essentiellement des actes d'administration, et si l'apparence de droit doit être quelque part suffisante, c'est précisément en ce qui concerne les baux, pour lesquels les tiers ne demandent pas et ne sont pas en faute de ne pas demander les titres de propriété, comme lorsqu'il s'agit d'acquérir tout ou partie de la propriété même de la chose.

Il est incontestable que la maxime : « Resoluto jure dantis, resolvitur jus accipientis, » ne s'applique pas aux baux. Ainsi, tandis que les aliénations et les hypothèques consenties par l'acquéreur sous faculté de rachat, sont résolues par l'exercice de cette faculté, les baux par lui faits sans fraude sont au contraire maintenus (art. 1664, 1673).

3° Il y a plus de doutes pour les jugements rendus pour ou contre l'héritier apparent : doivent-ils avoir l'autorité de la chose jugée pour ou contre l'héritier véritable ?

Il semble que le fond du droit ne peut pas être compromis et perdu sans le fait de l'héritier véritable; qu'il n'y a pas, en ce qui concerne les jugements et arrêts, de disposition semblable à celle de l'article 1240, et que dès lors l'absent, n'ayant pas été représenté dans l'instance, doit pouvoir former tierce opposition.

Si l'héritier véritable prétend que le possesseur s'est frauduleusement concerté avec son adversaire, il est évident qu'alors il n'aura pas été représenté. Mais si l'héritier apparent a plaidé de bonne foi, nous pensons qu'alors les jugements rendus pour ou contre lui seront réputés rendus pour ou contre l'héritier véritable.

Ce sont là, en effet, des actes nécessaires ; il peut y avoir des prescriptions à interrompre, soit de la part des tiers, soit de la part de l'héritier apparent. (Proudhon, *De l'usufruit*, t. III, n° 1319 ; Toullier, VII, n° 28.)

4° La difficulté paraît plus délicate en ce qui concerne les transactions.

Cependant, si la transaction était sérieuse et loyale, elle devrait être maintenue. L'absent doit respecter la chose jugée avec l'héritier apparent ; or les transactions ont, entre les parties, l'autorité de la chose jugée (art. 2052). Ce n'est point un acte précisément volontaire ; il est souvent commandé par la raison, par la sagesse, par la nécessité même de sacrifier une partie pour ne pas perdre tout. (Toullier, VI, n° 54 ; VII, n° 29.)

Pothier permettait au procureur *omnium bonorum* de transiger, lorsque la prudence et les règles d'une bonne administration l'exigeaient, comme aussi « d'acquiescer aux demandes données contre le mandant, lorsqu'il les trouve bien justifiées et qu'il n'a rien à opposer contre. » (*Du mandat*, n° 156, 157.) Or l'héritier apparent se trouve à peu près, lorsque l'absent reparaît, avoir joué le rôle d'un procureur *omnium bonorum*, relativement à la succession.

5° Il faut distinguer, à l'égard des aliénations faites par l'héritier apparent, plusieurs hypothèses :

1° L'aliénation d'un objet certain et déterminé, soit immeuble, soit meuble corporel ou incorporel ;

2° L'aliénation, la cession en tout ou en partie du droit héréditaire lui-même.

Lorsqu'il s'agit de la vente d'un objet certain et déterminé, il faut distinguer entre les ventes de meubles corporels et celles d'immeubles. Les aliénations de meubles corporels sont protégées par la règle de l'art. 2279 : En fait de meubles, possession vaut titre. Tout le monde est d'accord sur ce point.

Il en est autrement lorsqu'il s'agit d'une vente d'immeubles dépendant de la succession ; une controverse ancienne et célèbre divise les auteurs et la jurisprudence sur la question de validité de ces ventes. Plusieurs systèmes ont été proposés, et tous ont l'appui de noms recommandables et de décisions judiciaires importantes. Pour placer la question sur son véritable terrain, il faut supposer une vente pure et simple, sans stipulation de non-garantie en cas d'éviction. Une telle stipulation ferait présumer que les parties avaient des doutes sur les droits du vendeur; le contrat était aléatoire; l'acquéreur pourrait donc être dépossédé. C'est encore un point sur lequel tout le monde est d'accord.

Lorsqu'il s'agit d'une vente pure et simple, plusieurs systèmes sont en présence.

Tous invoquent le droit romain et l'ancienne jurisprudence. En droit romain, la discussion porte sur l'interprétation des lois 13, § 4, et 25, § 1, D. *de hered. pet*, qui paraissent en opposition, et pour lesquelles plusieurs conciliations ont été proposées. Nous ne reviendrons pas sur ce que nous avons déjà dit sur ce point.

Quant à l'ancienne jurisprudence, tous les interprètes s'accordent à reconnaître une première dérogation aux principes du droit romain, énoncée en ces termes par Merlin : « Notre ancienne jurisprudence ne tenait aucun compte des lois romaines qui dispensaient l'héritier apparent de bonne foi de restituer au véritable héritier le prix des ventes qu'il avait faites, lorsque, après l'avoir touché, il l'avait perdu par sa faute, ou consommé en folles dépenses. Cédant à l'équité naturelle, notre ancien droit attachait au seul fait que le prix avait été touché la présomption que le vendeur en était encore nanti ou en avait fait un emploi utile. »

A cette différence près, l'ancienne jurisprudence adoptait-elle le système des lois romaines quant à la validité des ventes faites par l'héritier apparent? On ne suivait plus le sénatus-consulte de 882. (Pothier, *De la propriété*, nº 429.) Si l'héritier apparent ne pouvait plus opposer l'exception tirée du sénatus-consulte, il est évident que ceux qui avaient acheté de lui ne pouvaient opposer d'exception *ex persona venditoris*. C'est ainsi que nos anciens jurisconsultes décident la question « Si quis putans, dit Mornac, hereditatem ad se pertinere, eam adierit bona fide, et corpora quædam hereditaria vendiderit, quæ emptor postea per decem forte annos inter præsentes, aut viginti inter absentes, bona etiam fide possiderit, tunc ut res amplius conferri emptori non potest quippe usucapta, ita nec heres iste qui vendidit restituere petitori hereditatis, nihil aliud quam pretium rei venditæ cogendum est, quod et judicat secupere de more ordo amplissimus. »

Plusieurs de nos coutumes avaient des textes formels qui annulaient les ventes faites par l'héritier apparent, si l'acquéreur ne pouvait s'aider du secours de la prescription. Parmi ces coutumes, on trouve celles de Poitou et de Bretagne.

Cependant, plus tard, cette jurisprudence et cette doctrine éprouvèrent quelque difficulté. Cela vient d'abord des jurisconsultes des pays de droit écrit, où le sénatus-consulte Juventien n'avait même pas été reçu, et qui, cependant, s'attachaient aveuglément aux textes. Aussi certains arrêts du parlement de Toulouse ont-ils validé les ventes consenties par l'héritier apparent, ce qu'on pourrait expliquer par cette circonstance que la prescription de dix ou vingt ans n'étant pas admise en faveur des acquéreurs, ceux-ci se seraient trouvés dans une position très-fâcheuse. Il est certain, en tout cas, que cette jurisprudence, appuyée sur des considérations d'équité et sur une fausse interprétation de lois romaines, était vicieuse.

Dans les pays coutumiers, on ne fut pas toujours d'accord sur la question de validité des ventes faites par l'héritier apparent; on trouve quelques arrêts des parlements de Rouen et de Paris qui maintiennent de telles ventes. Mais à ces arrêts on oppose l'autorité de Lebrun, qui dit : « L'héritier plus éloigné ne pourrait aliéner, pendant sa jouissance, au préjudice du plus proche héritier, cela est certain. » (*Des successions,* liv. III, ch. IV, n° 57.) Ainsi qu'on le voit, il n'y avait pas accord entre les parlements et les anciens auteurs sur la validité des ventes.

Sous l'empire du Code Napoléon, cet accord est loin d'exister. Nous trouvons quatre systèmes différents sur cette importante question.

La première opinion se fonde sur ce que l'héritier apparent de bonne foi, n'étant tenu que *quatenùs locupletior factus est*, il ne doit jamais être constitué en perte sur ses propres biens. De là cette conséquence que l'acquéreur ne pourra pas être évincé, toutes les fois qu'il aurait à exercer contre son vendeur un recours en garantie qui constituerait celui-ci en perte sur ses biens personnels.

Le second système soutient que, pour valider les ventes, il suffit de la bonne foi de l'acquéreur, sans qu'il y ait à considérer la bonne ou mauvaise foi de l'héritier apparent vendeur. Cette opinion, qui invoque certains arrêts des anciens parlements, s'appuie sur la négligence de l'héritier véritable et sur l'impossibilité où se trouve l'acquéreur de savoir si l'héritier apparent est ou n'est pas propriétaire. Les articles 1599 et 2182 sont, dit-on, inapplicables, parce que le premier n'a eu pour but que d'abroger la loi 28, D. *de contrahenda emptione*, et que le second n'a été inséré dans le Code que pour faire ressortir l'abrogation de la loi du 11 brumaire an VII sur la nécessité de la transcription.

Le troisième système exige, pour le maintien des ventes, la bonne foi des deux parties. Il s'appuie sur la loi 25, § 17, D. *de hered. pet.*, et sur quelques arrêts de parlements, et il invoque, en outre, les articles 755, 767 et 775, qu'on interprète en ce sens qu'il ne suffit pas d'être au plus proche degré de parenté pour avoir la pleine et entière propriété des biens héréditaires, qu'il faut encore accepter la succession ou l'appréhender. On invoque aussi les articles 132, 790, 1240, 1380, 1935, 2005, 2008, 2009, dont on tire des arguments d'analogie, et surtout l'article 136, dont les termes paraissent favorables au droit de l'héritier apparent. Il s'agit, dit-on, d'une dévolution *exclusive*, et non pas *provisoire*, conditionnelle ; il est manifestement dans l'esprit de la loi que, sur les biens des successions échues à l'absent depuis son absence, le successible présent a des droits plus étendus que sur les biens possédés par l'absent au moment de sa disparition. La loi, ajoute-t-on, n'a pas pu vouloir que la propriété restât toujours incertaine; or à quel moment commencerait pour le successible présent le droit d'aliéner? Enfin, à l'appui de cette opinion, on invoque des considérations d'ordre et d'intérêt public qui, selon les expressions d'un arrêt, « ont acquis un » nouveau degré d'énergie, puisque la législation » moderne est plus favorable que l'ancienne à la » libre et facile circulation des biens. » Il est rare, d'ailleurs, de voir apparaître, après un long temps, un héritier dont on ne connaissait pas l'existence. Fallait-il, pour une hypothèse qui ne doit vraisemblablement pas se réaliser, tenir tant de situations en suspens et troubler la sécurité générale? L'héritier apparent serait exposé, en cas d'éviction, à un grand nombre d'actions en garantie et dommages-intérêts qui entraîneraient sa ruine presque certaine. D'autre part, les acquéreurs pouvant être en très-grand nombre, leurs intérêts, réunis à celui de l'héritier apparent, devaient l'emporter sur l'intérêt personnel d'un héritier tardif, qui a peut-être de la négligence à s'imputer.

Malgré la gravité des raisons invoquées dans ces différents systèmes, nous croyons devoir en adopter un quatrième, qui est celui de la majorité des auteurs, et qui se prononce pour la nullité absolue des aliénations faites par l'héritier apparent.

Il est un principe certain, c'est que ce qui est à

quelqu'un ne peut, sans sa volonté, devenir la propriété d'un autre. Consacrée dans l'article 1599, qui dispose que la vente de la chose d'autrui est nulle, cette règle a également inspiré les dispositions des articles 771, 2125 et 2182 C. N., et 731 Pr. L'héritier apparent n'était pas propriétaire; la propriété est toujours restée à l'absent; or la revendication est la conséquence de la propriété.

Le Code n'ayant pas dérogé à ce principe pour le cas particulier qui nous occupe, nous disons sans hésiter que l'absent peut agir contre tous détenteurs des biens qui lui sont échus, pour les revendiquer, à moins, bien entendu, que ces détenteurs n'en aient acquis la propriété par prescription.

Réfutons maintenant, aussi brièvement que possible, les divers arguments que l'on fait valoir pour le sentiment contraire :

1° Dans l'article 132, dit-on, le législateur déroge à l'article 1599, puisqu'il permet aux possesseurs des biens de l'absent d'en disposer valablement. Alors même que le cas qui nous occupe serait semblable à celui de l'article 132, il n'y aurait pas encore lieu d'admettre la doctrine contraire. Parce qu'il y a une exception à un principe, faut-il dire que ce principe ne subsiste plus? Il est clair que non : *exceptio firmat regulam*. Mais les deux cas ne se ressemblent aucunement. Dans l'article 132, il y a une raison toute particulière pour valider les ventes : l'absence a duré au moins trente-cinq ans, c'est-à-dire plus de temps qu'il n'en faudrait au premier venu pour prescrire la propriété des biens de cet absent. Il n'est pas étonnant qu'alors la loi donne à l'envoyé en possession capacité pour aliéner irrévocablement. Ici, au contraire, il s'agit d'un héritier qui revient peu de temps peut-être après l'ouverture de la succession; on ne saurait donc dire que la même faculté d'aliénation existe dans les deux cas.

2° On invoque l'article 790, d'après lequel l'héritier qui revient sur sa renonciation doit respecter les droits acquis à des tiers, en vertu d'actes valablement faits avec le curateur nommé à cette succession. Mais, dans le cas de cet article, le curateur est le représentant de l'héritier; c'est en son nom qu'il agit; tandis que l'héritier apparent, loin de représenter l'héritier réel, est son adversaire; il prescrit chaque jour contre lui les biens qu'il détient.

3° On invoque l'article 1240, qui déclare valable le payement fait par le débiteur au possesseur de la créance Alors même qu'il n'y aurait pas de différence entre les deux cas, ce ne serait là qu'une exception à la règle générale. Mais la raison de cette exception est facile à trouver. Le débiteur ne peut pas refuser le payement à l'héritier apparent qui est possesseur de la créance et qui vient le demander; rien, au contraire, ne forçait l'acquéreur à acheter de l'héritier apparent.

4° Il faut en dire autant des articles 1380, 2005, 2008 et 2009.

Alors même qu'il y aurait quelques exceptions au principe que la vente de la chose d'autrui est nulle, ces exceptions seraient écrites dans la loi et ne pourraient être étendues d'un cas à un autre. Il n'y en a point pour les ventes faites par l'héritier apparent. La loi a fait tout ce que la justice lui permettait de faire en permettant à l'acquéreur de bonne foi de prescrire par dix à vingt ans et d'acquérir les fruits. On ne saurait faire produire à la bonne foi d'autres effets que ceux que lui attribue la loi.

Le premier système soulève deux objections : le Code a bien conservé le principe du droit romain que l'héritier putatif de bonne foi n'est tenu que *quatenus locupletior factus est ;* seulement on en a modifié l'application ; il suffit que l'héritier apparent ait reçu le prix, pour qu'il soit toujours réputé en avoir profité, sans qu'il y ait à rechercher s'il l'a perdu ou dissipé au moment de la demande. Par conséquent, la revendication de l'héritier véritable ne sera pas arrêtée par cette objection que l'héritier apparent pourrait être obligé de restituer le prix à l'acquéreur, puisque, dans tous les cas, il serait tenu à cette restitution même envers le véritable héritier. Dans cette opinion, on annulerait bien la vente, mais on voudrait faire supporter par l'héritier véritable les dommages-intérêts qui sont dus à l'acquéreur évincé. « Ou je me » trompe fort, dit M. Troplong, ou cette prétention de » l'héritier apparent soulève encore un de ces calculs » que notre droit français a voulu éviter. En effet, il » prétend qu'il est obligé de prendre sur son propre » patrimoine le montant des dommages-intérêts. » Mais c'est là un point fort douteux. Qui sait, par

» exemple, si la jouissance de l'hérédité n'a pas été
» pour lui une source telle de richesses, qu'il ait fait
» de grandes économies, et qu'il se soit enrichi de
» manière à pouvoir payer les cinq mille francs avec
» ses épargnes capitalisées ? »

Si l'héritier apparent, même de bonne foi, a donné où légué un immeuble de la succession à un tiers même aussi de bonne foi, on ne maintient pas la donation ou le legs. Supposons même qu'il ait aliéné à titre onéreux un meuble incorporel, qu'il ait cédé une créance ; la Cour de cassation elle-même répondra « que la vente de pareils droits par un autre que le propriétaire demeure soumise à la règle salutaire et absolue de l'article 1599. » (S. 39, 1, 169.) On ne saurait invoquer pour de telles ventes, comme l'a fait un auteur, l'article 2279. Il résulte de là que, dans le système de la jurisprudence, les ventes d'immeubles seront valables, et que les cessions de créances ne le seront pas. C'est là une contradiction inexplicable : « Il nous semble, dit M. Devilleneuve, que, pour être conséquent, il faut décider, des unes comme des autres, qu'elles sont valables ou nulles. » Aussi est-il pour la validité des cessions de créances. (S. 36, 1, 364.) C'est également ce que fait M. Demolombe, en s'appuyant sur le prétendu mandat qu'il accorde à l'héritier apparent.

Enfin les auteurs qui valident les ventes faites par l'héritier apparent invoquent des considérations d'ordre et d'intérêt public. Mais l'ordre public n'est aucunement troublé lorsqu'un contrat passé entre quelques particuliers est annulé ; l'acquéreur pourra être lésé ; mais le véritable héritier ne le serait-il pas bien plus gravement que lui, si les ventes étaient maintenues ? Autoriser le maintien des ventes, c'est ouvrir une issue à la fraude et compromettre essentiellement les droits du véritable propriétaire, par suite de la difficulté où il serait de prouver la mauvaise foi des tiers acquéreurs, mauvaise foi qui ne se présume jamais.

Nous arrivons maintenant à la vente de toute l'hérédité. Une telle vente ne saurait être maintenue en droit français ; elle ne l'était ni en droit romain, ni dans l'ancienne jurisprudence. Aussi les partisans de l'opinion qui maintient les ventes d'objets particuliers reculent, pour la plupart, devant les conséquences de leur propre doctrine, et ils repoussent la validité des ventes de la totalité ou d'une partie aliquote des droits héréditaires. L'article 1696 oblige le vendeur d'une hérédité à garantir sa qualité d'héritier ; du moment que le vendeur n'avait pas cette qualité, il n'a pas pu la transmettre à un autre.

CHAPITRE IV.

DES PRESTATIONS QUE DOIT LE DEMANDEUR AU POSSESSEUR.

Jusqu'ici nous nous sommes occupé des droits de l'héritier véritable contre le possesseur, et nous avons vu que ce possesseur doit opérer certaines restitutions, qui sont plus ou moins étendues, selon qu'il est de bonne ou de mauvaise foi. Mais, à son tour, le demandeur qui a triomphé est tenu à certaines restitutions envers le possesseur. Par suite de la possession qu'il a eue de la succession, ce possesseur peut avoir exécuté sur les biens qui la composent certaines améliorations qui auront eu quelquefois pour effet d'en augmenter considérablement la valeur; aussi est-il juste que l'héritier en tienne compte au possesseur, car autrement il s'enrichirait au détriment d'autrui, ce qui ne doit jamais avoir lieu.

A l'égard des impenses faites sur l'hérédité, il faut distinguer, comme on le fait toujours, entre les impenses nécessaires, utiles et voluptuaires.

Les impenses nécessaires seront toujours dues au possesseur, qu'il ait été de bonne ou de mauvaise foi; et quelle que soit la somme à laquelle elles s'élèvent, c'est cette somme qui devra être remboursée. L'héritier aurait dû les faire; il est juste qu'il en tienne compte à celui qui les a faites à sa place, par application de la règle : *Nemo debet locupletari cum alieno detrimento*.

Pour les impenses utiles, il en est autrement, et il faut distinguer entre les divers possesseurs. Le possesseur de bonne foi aura droit au remboursement intégral de la somme qu'il aura déboursée; c'est là une conséquence de la règle qu'il ne doit être tenu que *quatenus locupletior factus est*. Quant au possesseur de mauvaise foi, il savait qu'il n'était pas propriétaire de la chose; il ne devait donc pas y faire d'améliorations, et, s'il en avait fait, elles devraient rester à sa charge. Cependant, comme il ne serait pas juste que l'héritier s'enrichît à ses dépens, il devra lui tenir compte de la plus-value résultant des dépenses utiles, car ce n'est que de cette plus-value qu'il profite.

» Les dépenses purement voluptuaires devront même être allouées au possesseur de bonne foi, par application du principe que nous venons de rappeler; mais le possesseur de mauvaise foi n'aura aucun droit au remboursement des sommes qu'il y a consacrées; il ne pourra qu'emporter les objets susceptibles de l'être sans détérioration de l'immeuble. »

Le domaine qui s'était emparé d'une succession en déshérence peut, lorsqu'il l'a restituée aux héritiers légitimes, réclamer des frais de régie; car c'est dans l'intérêt des héritiers que l'administration a géré. Il a cependant été jugé que le domaine ne peut réclamer des frais de régie lorsqu'il en a été indemnisé par l'excédant des fruits sur la dépense, et qu'il ne peut non plus réclamer des héritiers le montant des réparations, de quelque nature qu'elles soient, par lui faites à un immeuble de la succession, s'il en a été également couvert et au delà par la perception des fruits. (D. 55, 2, 143.)

Le même arrêt a décidé, d'une manière absolue, que le possesseur de bonne foi ne peut en même temps retenir les fruits par lui perçus et répéter les impenses qu'il a faites pour l'entretien ou la conservation de l'immeuble. Il nous semble que c'est aller trop loin. Dans l'ancienne jurisprudence, la compensation des dépenses nécessaires avec les fruits n'était pas admise; et nous croyons qu'il résulte, soit de l'article 555 Code Napoléon, soit de la combinaison des articles 856 et 862 du même Code, qu'elle ne doit pas l'être davantage aujourd'hui.

Le possesseur de mauvaise foi, avons-nous vu, ne fait pas les fruits siens; mais, en restituant ces fruits ou leur valeur, il pourra déduire les frais de culture qu'ils ont occasionnés : *Fructus non intelliguntur nisi deductis impensis.*

CHAPITRE V.

COMPÉTENCE EN MATIÈRE DE PÉTITION D'HÉRÉDITÉ ET DURÉE DE L'ACTION.

C'est évidemment l'autorité judiciaire qui est seule compétente pour prononcer sur la qualité des prétendants à une succession en déshérence, alors même que l'État est partie dans le procès comme détenteur de la succession.

Mais à quel tribunal devra être portée une pareille demande? Ici nous nous trouvons en présence de la disposition de l'article 59 du Code de procédure civile, qui porte: En matière de succession : 1° sur les demandes entre héritiers, jusqu'au partage de la succession....., devant le tribunal du lieu où la succession est ouverte. Dans le cas où la demande n'a pour objet qu'une partie de l'hérédité, c'est, sans aucun doute, le tribunal de l'ouverture de la succession qui est compétent, car il s'agit bien là d'une demande entre héritiers.

La question présente plus de difficulté quand la demande embrasse l'hérédité entière. Plusieurs opinions se sont produites : Carré, s'appuyant sur le projet de Code de procédure proposé par la Cour de cassation, pense que la pétition d'hérédité doit être portée devant le tribunal du domicile du défunt. Nous n'adoptons pas cette opinion, et nous pensons que l'on doit suivre la règle générale : *Actor sequitur forum rei.* Il ne s'agit pas là, en effet, d'une demande entre héritiers, puisque le demandeur réclame toute la succession contre l'héritier apparent défendeur. La demande ne peut pas non plus être portée devant le tribunal de la situation des immeubles, car il ne s'agit pas de la revendication de tel ou tel immeuble déterminé, mais bien de la revendication du titre d'héritier lui-même ; la restitution des immeubles, comme celle des autres biens, n'est qu'une conséquence de l'existence de cette qualité dans la personne du demandeur.

Il nous reste à parler de la durée de l'action en pétition d'hérédité.

En droit romain, ainsi que nous l'avons dit plus haut, cette action ne se prescrivait que par trente ans. Notre ancien droit suivait généralement la même règle sur ce point. Cependant certaines coutumes y apportaient des exceptions. Dans les coutumes d'Artois et de Douai, le délai de la prescription était de vingt ans. L'article 15 du chapitre 107 des chartes générales de Hainaut fixait le délai de la prescription à douze ans pour les hérédités mobilières, à compter, pour les majeurs, du jour de l'ouverture de la succession, et, pour les mineurs, du jour de leur majorité. De plus, le délai ne courait point contre les absents, qui, après leur retour, avaient encore un délai de six ans pour agir.

Aujourd'hui l'action en pétition d'hérédité ne se prescrit que par trente ans. Cela résulte invinciblement des articles 789 et 790 Code Napoléon, qui accordent à celui qui a renoncé à une succession le droit d'y revenir, si elle n'a pas été acceptée par un autre pendant le temps requis pour la prescription la plus longue des droits immobiliers, c'est-à-dire pendant trente ans, aux termes de l'article 2262. Or il est clair qu'on ne peut pas accorder à celui qui, saisi de sa qualité d'héritier, ne s'en est jamais dépouillé par une renonciation, moins de temps pour réclamer la succession, qu'on n'en accorde à celui qui avait renoncé d'abord. L'absent qui, à son retour, agira soit contre celui qui a recueilli, à son défaut, la succession ouverte pendant sa disparition, soit contre le représentant universel de ce dernier, soit contre celui qui aurait acheté son droit héréditaire, pourra donc se faire reconnaître héritier, et reprendre ainsi tout ce que son adversaire possède en meubles ou en immeubles de la succession qu'il a recueillie, pourvu que son action soit intentée dans les trente ans, à partir du moment où son droit s'est ouvert, c'est-à-dire de la mort de son auteur.

Mais s'il agit, non plus en pétition d'hérédité, mais

en revendication contre un acheteur, un donataire, un coéchangiste, enfin contre un individu qui détient un objet déterminé de la succession à tout autre titre que celui d'héritier, il faudra distinguer : le délai de la prescription sera plus ou moins long, selon les circonstances. Si le possesseur a acquis la chose en vertu d'un juste titre et avec bonne foi, la prescription lui sera acquise par le laps de dix à vingt ans, selon que l'héritier réel sera présent ou absent. Le laps de trente ans ne serait nécessaire, par application des art. 2262 et 2267, que dans le cas où le détenteur ne serait pas de bonne foi ou n'aurait pas un titre valable.

L'Etat qui avait recueilli une succession en déshérence n'aurait pu être fondé à se prévaloir, contre la demande en restitution formée ultérieurement par les héritiers légitimes, de la déchéance prononcée contre les créanciers de l'Etat par les lois des 25 mars 1817 et 29 janvier 1831, sur l'arriéré de la dette publique, et, par exemple, que les lois sont applicables aux valeurs héréditaires perçues avant leur publication. Les héritiers ne procèdent pas contre l'Etat comme créanciers, mais comme propriétaires, et les motifs qui avaient déterminé ces lois de déchéance ne leur étaient pas applicables.

POSITIONS.

DROIT ROMAIN.

I. La pétition d'hérédité n'est pas, dans le droit des Pandectes, une action de bonne foi.

II. La loi 23, D. *de judi*[illegible] n'est pas en contradiction avec les lois 4, 18, § 1, D. *de hered. pet.*; 27, § 1, D. *de rei vindicatione*, et 7, § 4, D. *ad exhibendum*.

III. L'héritier véritable peut intenter la revendication contre l'acquéreur d'un objet de la succession, lors même que l'héritier apparent vendeur serait un possesseur de bonne foi.

IV. On ne peut concilier les lois 11 pr., § 1, et 12, D. *de hered. petitione*, et le § 144 du commentaire IV de Gaïus, reproduit dans les Institutes de Justinien, liv. IV, tit. xv, § 3.

DROIT FRANÇAIS.

DROIT CIVIL.

I. L'héritier apparent de bonne foi ne doit rendre les biens que dans l'état où ils se trouvent.

II. La vente faite par l'héritier apparent de toute l'hérédité est nulle.

III. La vente faite par l'héritier apparent d'un immeuble de la succession est nulle.

IV. Lorsqu'une femme mariée ou ses héritiers ont négligé de prendre une inscription sur les immeubles de la succession du mari dans l'année de la dissolution du mariage, et que cette succession vient à être acceptée sous bénéfice d'inventaire ou à être déclarée vacante, la femme ou ses héritiers perdent non-seulement le rang de l'hypothèque légale aux dates indiquées dans l'article 2135, mais l'hypothèque légale elle-même.

V. Les revenus dotaux sont, après la séparation de biens, aliénables et saisissables, pour la portion excédant les besoins du ménage, par les créanciers de la femme antérieurs à cette séparation.

PROCÉDURE CIVILE.

L'appel incident est recevable, même après des conclusions prises sans réserves, à fin de confirmation pure et simple du jugement attaqué.

DROIT COMMERCIAL.

I. Les actes faits par un commerçant pour les besoins de son commerce, tout en n'étant pas actes de commerce aux termes des articles 632 et 633 C. Com., ne le soumettent pas à la juridiction commerciale.

II. L'incompétence des tribunaux civils pour juger les affaires commerciales est absolue.

DROIT CRIMINEL.

I. L'article 58 C. P. n'est pas applicable à l'accusé qui ne doit être condamné à des peines correctionnelles que grâce à l'admission en sa faveur de circonstances atténuantes.

II. Le complice est passible de l'aggravation de peine qui résulte d'une qualité personnelle à l'auteur du crime ou du délit, lorsqu'il a eu connaissance de cette qualité aggravante.

DROIT ADMINISTRATIF.

I. Les immeubles des receveurs des caisses d'épargne ne sont pas soumis à l'hypothèque légale de l'article 2121 C. Nap.

II. Les églises sont la propriété des communes.

II. L'incompétence des tribunaux civils pour juger les affaires commerciales est absolue.

POSITIONS

Droit criminel.

I. L'article 53 C. P. n'est pas applicable à l'héritier qui ne doit être condamné à des peines correctionnelles que grâce à l'application [illegible] circonstances atténuantes.

II. La condition [illegible] possible de [illegible] [illegible] [illegible] [illegible] [illegible] [illegible]

TABLE DES MATIÈRES.

Poitiers. — Typ. de A. Dupré.

www.ingramcontent.com/pod-product-compliance
Lightning Source LLC
Chambersburg PA
CBHW071859200326
41519CB00016B/4458
* 9 7 8 2 0 1 9 6 0 0 3 1 0 *